Documento de Trabajo
Serie Unión Europea y Relaciones Internacionales
Número 156/2025

La infiltración del yihadismo en las redes de tráfico humano a través del corredor Sahel-Canarias

Marta Ramos Varela

Serie *Unión Europea y Relaciones Internacionales* de documentos de trabajo del Real Instituto Universitario de Estudios Europeos

La infiltración del yihadismo en las redes de tráfico humano a través del corredor Sahel-Canarias

Cualquier forma de reproducción, distribución, comunicación pública o transformación de esta obra solo puede ser realizada con la autorización de sus titulares, salvo excepción prevista por la ley. Diríjase a CEDRO (Centro Español de Derechos Reprográficos, www.cedro.org) si necesita escanear algún fragmento de esta obra.

© 2025, por Marta Ramos Varela
© 2025, por Fundación Universitaria San Pablo CEU

CEU *Ediciones*
Julián Romea 18, 28003 Madrid
Teléfono: 91 514 05 73
Correo electrónico: ceuediciones@ceu.es
www.ceuediciones.es

Real Instituto Universitario de Estudios Europeos
Avda. del Valle 21, 28003 Madrid
www.idee.ceu.es

ISBN: 979-13-87860-15-8
Depósito legal: M-22145-2025

Maquetación: CEU *Ediciones*

Índice

Listado de abreviaturas

AAUE→ Agencia de Asilo de la Unión Europea.

AQMI→ Al Qaeda en el Magreb Islámico.

A-TIPSOM→ Acción contra la Trata de Personas y el Tráfico Ilícito de Migrantes.

CEDEAO→ Comunidad Económica de Estados de África Occidental.

CITCO→ Centro de Inteligencia contra el Terrorismo y el Crimen Organizado.

CIVEX→ Comisión de Ciudadanía, Gobernanza y Asuntos Institucionales y Exteriores.

CMA→ Coordinación de los Movimientos del Azawad.

CRPM→ Conferencia de Regiones Periféricas y Marítimas.

CTE→ Combatiente Terrorista Extranjero.

DGST→ La Dirección General de Vigilancia del Territorio.

ECI → Iniciativa Ciudadana Europea.

EI→ Estado Islámico.

EIS→ Estado Islámico en el Sahara.

EMSC→ Centro Europeo contra el Tráfico Ilícito de Migrantes.

EUCAP→ Misión de la Unión Europea para el Desarrollo de Capacidades.

EUROPOL→ Agencia de la Unión Europea para la Cooperación Policial.

EUTM→ Misión de Entrenamiento de la Unión Europea.

FEDER→ Fondo Europeo de Desarrollo Regional.

FAMI→ Fondo de Asilo, Migración e Integración.

FIIAPP→ Fundación Internacional y para Iberoamérica de Administración y Políticas Públicas.

FRONTEX→ Agencia Europea de la Guardia de Fronteras y Costas.

GARSI Sahel→ Grupos de Acción Rápida – Vigilancia e Intervención en el Sahel.

GATIA→ Grupo de Autodefensa Tuareg Imghad y Aliados.

HCUA→ Alto Consejo para la Unidad del Azawad.

IGFV→ Instrumento de Gestión de las Fronteras y Visados.

INTERPOL→ Organización Internacional de Policía Criminal.

ISGS/ ISSP→ Estado Islámico en el Gran Sahara / Provincia Sahariana del Estado Islámico.

ISWAP→ Provincia del Estado Islámico en África Occidental.

JNIM→ Grupo de Apoyo al Islam y los Musulmanes.

LIBE→ Comisión de Libertades Civiles, Justicia y Asuntos de Interior del Parlamento Europeo.

MED-5→ Los Cinco del Mediterráneo.

MENA→ Menores Extranjeros No Acompañados.

MINUSMA→ Misión Multidimensional Integrada de Estabilización de las Naciones Unidas en Malí.

MUYAO→ Movimiento Yihadista para la Unidad y el Yihad en África Occidental.

OIM→ Organización Internacional para las Migraciones.

ONU→ Organización de las Naciones Unidas.

OTAN→ Organización del Tratado del Atlántico Norte.

PIB→ Producto Interior Bruto.

PESC→ Política Exterior y de Seguridad Común.

SIVE→ Sistema Integral de Vigilancia Exterior.

TE -SAT→ Informe sobre la Situación y Tendencias del Terrorismo.

UE→ Unión Europea.

UNISS→ Estrategia Integrada de las Naciones Unidas para el Sahel.

UNOCT→ Oficina de las Naciones Unidas para la Lucha contra el Terrorismo.

UNODC→ Oficina de las Naciones Unidas contra la Droga y el Delito.

Introducción

Delimitación del tema

Este Trabajo de Fin de Máster (en adelante TFM) se centra en el análisis de la infiltración del terrorismo yihadista en las redes de tráfico de seres humanos, de manera más específica en el corredor Sahel-Canarias. Esta ruta, que ha cobrado una creciente relevancia en los últimos años, conecta el África Subsahariana occidental con el archipiélago canario y, por ende, con el territorio de la UE. Por ello, se trata de una vía de migración irregular muy sensible, no sólo por el creciente número de entradas sino también por su carácter estratégico tanto para grupos delictivos como para organizaciones terroristas dado que posibilita acciones como la infiltración de determinados actores en los flujos de movimiento humano.

Desde un enfoque multidisciplinar que engloba, fundamentalmente, seguridad, migraciones y geopolítica, este trabajo tiene como objetivo estudiar cómo estos grupos terroristas han ido, de manera paulatina, usando estas rutas como canales para su propio beneficio u para la consecución de determinados objetivos. Por tanto, este trabajo se delimita geográficamente en el espacio del Sahel, Magreb y las Islas Canarias y, temporalmente, se enfoca en el periodo entre los años 2015-2024, intervalo temporal donde se ha empezado a experimentar un creciente aumento tanto de los flujos migratorios como de la actividad terrorista transnacional.

Por último, el objeto de estudio surge también de la necesidad de comprender la amenaza híbrida que representan la migración irregular y el terrorismo, así como de los distintos desafíos que esto conlleva para la seguridad tanto de España como de la Unión Europea.

Estado de la cuestión

Con respecto al estado de la cuestión, es importante mencionar que ya existen estudios e informes oficiales, como pueden ser el Informe de Seguridad Nacional del 2024 o el trabajo de investigación de la Comandante Antúnez que veremos a lo largo del trabajo, que han señalado el vínculo existente entre las rutas migratorias irregulares del Sahel y el Magreb y la infiltración de individuos terroristas en territorio europeo. Con todo, en lo que respecta a España, esta conexión entre fenómenos resulta más grave si contemplamos la parte sur nacional y el archipiélago canario al considerarse los principales puntos de acceso a Europa a partir de España.

La hipótesis principal de este TFM parte de publicaciones como la de La Gaceta, donde se informa que, desde el año 2020 al menos 16 yihadistas han accedido a España a través de las rutas migratorias irregulares (Pulido, 2023). Por lo tanto, puede afirmarse que la hipótesis de infiltración ya no es una posibilidad, sino que es un hecho confirmado (Pulido, 2023). Adicionalmente, estas entradas ya no son casos aislados o excepcionales. Un ejemplo muy relevante a este respecto sucedió en 2020, cuando se produjo la detención en Almería de uno de los yihadistas del Daesh más buscados en Europa, Abdel Bari, quien llegó en patera desde el Norte de África (RTVE, 2020). Asimismo, a ello se suma el hecho de que existen diversas investigaciones tanto de medios de comunicación como de los propios servicios de inteligencia, tales como FRONTEX o el propio Departamento de Seguridad Nacional, que apuntan tanto al potencial riesgo de entrada como a la misma llegada de individuos yihadistas que acceden a España mediante rutas controladas por mafias o redes criminales que operan en Marruecos, Argelia y Mauritania, entre otros y que veremos a lo largo del trabajo.

Ahora bien, debemos mencionar que a pesar de estos indicios, todavía hay una notable falta de análisis integrales sobre este fenómeno. Por esto mismo, este trabajo pretende realizar un análisis con un enfoque interdisciplinario que combine los aspectos de la seguridad con las migraciones y la geopolítica para mejorar la comprensión del problema, así como para proponer respuestas más eficaces ante este tipo de amenazas.

Objetivos del trabajo

Objetivo general

En relación con los objetivos, el presente TFM tratará de, fundamentalmente, analizar la posible instrumentalización de las redes de tráfico de seres humanos por parte de los yihadistas en el corredor Sahel-Canarias, evaluando si esta convergencia entre fenómenos resulta ser una estrategia deliberada por parte de estos grupos terroristas para financiar sus actividades, infiltrarse en Europa y promover la desestabilización mediante el empleo de las vías de migración irregular.

Objetivos específicos

I.   Describir las dinámicas geopolíticas, económicas y sociales en el Sahel y su relación con el auge del terrorismo yihadista.

II. Identificar el rol del corredor Sahel-Canarias en los flujos migratorios hacia Europa, especialmente en lo que respecta a España.

III. Analizar cómo las organizaciones terroristas utilizan las redes de tráfico humano como método de financiación, desplazamiento y expansión de su ideología o influencia.

IV. Investigar la colaboración o convergencia existente entre grupos yihadistas y redes de tráfico humano en esta región, en el contexto de la Ruta Atlántica.

V.   Examinar el papel de la propaganda yihadista en la revidicación de una serie de objetivos como la recuperación de territorio, mayoritariamente español.

VI. Evaluar las políticas actuales y las estrategias o acciones de seguridad implementadas por España y la UE a la hora de abordar esta amenaza híbrida, así como sus limitaciones.

VII. Proponer recomendaciones o sugerencias para mejorar la respuesta estratégica institucional de España y de la UE frente a la convergencia del terrorismo y el tráfico humano.

Hipótesis

El aumento reciente de los flujos migratorios en las Islas Canarias, por tanto, en la ruta Atlántica, plantea no sólo una gran variedad de serios retos humanitarios y de gestión de fronteras, sino también graves implicaciones para la seguridad tanto de España como de la UE. En este sentido, se plantea la hipótesis de que el creciente aumento de tráfico de seres humanos en el corredor Sahel-Canarias podría estar facilitando o estar siendo aprovechado para la infiltración del terrorismo yihadista. Para ello, veremos también si esta instrumentalización de las rutas migratorias forma parte de una estrategia deliberada de los grupos terroristas tanto para financiar sus actividades, expandir su influencia o desestabilizar a Europa, como para la consecución de sus objetivos operativos y propagandísticos que buscan la restauración del Califato, así como la recuperación de territorios como Al-Ándalus, Ceuta y Melilla. En definitiva, a través de este trabajo buscaremos determinar si esta convergencia entre fenómenos resulta ser, verdaderamente, una amenaza híbrida creciente con importantes implicaciones de seguridad para el territorio nacional y europeo.

Enfoque metodológico y fuentes

Este trabajo se centrará en abordar el fenómeno migratorio y la infiltración del terrorismo yihadista del Sahel en el flujo de movimiento que une el Sahel con las Canarias como una vía de entrada a la UE, que se produce actualmente, es decir, en estos últimos años debido al aumento de la migración en determinadas rutas lo que ha conllevado un cambio en las nacionalidades de aquellos que llegan a suelo español y, que reflejaremos en el trabajo. Para ello, el trabajo adopta un enfoque cualitativo basado en la recopilación de documentos, material normativo y geopolítico y usa una metodología que combina una amplia variedad de fuentes primarias y secundarias, tanto académicas como jurídicas, para analizar de una manera más concreta y rigurosa el objetivo de este trabajo. Asimismo, el marco de análisis es multidisciplinar, como hemos mencionado anteriormente, de manera que se pueda ofrecer una visión más holística de este fenómeno.

Estructura

Este TFM se estructura en tres capítulos principales, además de la introducción y las conclusiones finales, de manera que tenga un avance progresivo, partiendo de un análisis contextual del Sahel y la Ruta Atlántica hasta un estudio de la convergencia entre el terrorismo y las redes de tráfico humano, así como la evaluación de las respuestas y recomendaciones para mejorar las contestaciones nacionales y europeas a los distintos desafíos que esta amenaza trae consigo.

De esta manera, en la introducción se delimita el objeto de estudio, se presenta la hipótesis de partida y establece los objetivos tanto generales como específicos. Además, se justifica la relevancia del tema de investigación tanto en el ámbito nacional como internacional.

En el primer capítulo, se busca contextualizar la situación geopolítica y de seguridad en el Sahel, analizando las causas estructurales que hacen que esta región sufra de una altísima inestabilidad. Además, también se estudia la Ruta Atlántica como una de las principales vías de acceso irregular al continente europeo y su evolución y creciente importancia estratégica en los últimos años. Por último, se examina la convergencia entre el tráfico humano y el terrorismo yiahdista para entender aspectos como la financiación, expansión de influencia y movilidad, así como la conversión de este suceso en una amenaza híbrida.

En el segundo capítulo, se analizan los mecanismo de infiltración yihadista a través de las rutas migratorias. Para ello, se estudia el *modus operandi* de estos grupos armados en las distintas rutas de migración, su colaboración con las redes de tráfico de seres humanos y se documentan algunos casos concretos y reales de infiltración terrorista en la ruta Sahel-Canarias. Finalmente y a partir de todo lo anterior, se analizan las implicaciones que estas dinámicas tienen para los ámbitos de seguridad tanto de España como de la Unión Europea, que repercuten en la estabilidad de ambas.

En el tercer y último capítulo, se examinan las respuestas estratégicas a esta amenaza. Por tanto, se analizan las distintas políticas de control fronterizo desarrolladas en los últimos años en la Ruta Atlántica, las diferentes estrategias de cooperación internacional en el contexto de lucha contra el terrorismo y el tráfico humano y, se proponen una serie de recomendaciones para la UE y España que permita desarrollar respuestas integrales, coordinadas y sostenibles.

Finalmente, el trabajo termina con unas conclusiones finales en las que se recogen los principales hallazgos de este trabajo de investigación, se confirma o desmiente la hipótesis inicial contrastándola con los resultados obtenidos y, se plantean posibles líneas de acción para el futuro.

Capítulo 1. El Sahel, el terrorismo y las rutas migratorias

1.1. Contexto geopolítico y socioeconómico del Sahel

El Sahel es una franja de aproximadamente unos 5000 kilómetros de largo y unos 1000 kilómetros de ancho (Ballesteros Martín, 2015) que recorre África de oeste a este (desde el océano Atlántico hasta el Mar Rojo) delimitada por el norte por el desierto del Sáhara y por el sur por las sabanas de África Central y Occidental e integrada por los siguientes 11 países: Senegal, Mauritania, Mali, Níger, Burkina Faso, Chad, Sudán del Norte y Sudán del Sur, Etiopía, Eritrea y Somalia lo que supone una extensión aproximada de 9 millones de Km^2 (Calduch Cervera, 2013). Cabe destacar que, al no haber consenso al respecto de qué países comprenden el Sahel, en última instancia esto dificulta la elaboración de estrategias o planes de acción en la región como consecuencia (Fuente Cobo y Herranz Lespagnol, 2018).

Desde el punto de vista geopolítico, el Sahel siempre ha constituido una frontera frágil que divide dos espacios geográficos distintos, el del mundo árabe y el África negra (Calduch Cervera, 2013) a la vez que favorece cierta conexión y transición entre África subsahariana y África del norte (Anguita Olmedo y González Gómez del Miño, 2019). Por otro lado, la presencia de recursos naturales (como pueden ser el oro, el uranio o los diamantes) en estos países favorece la intervención, así como pugna entre potencias extranjeras para su explotación y obtención de ventajas estratégicas como sucede con China y Rusia (Calvo Albero, 2024) a la vez que fomenta la dependencia de estos Estados, sobre todo los enteramente continentales, con los países del norte de África o de África Occidental para canalizar dichas exportaciones (Calduch Cervera, 2013).

Mapa 1. Ubicación geográfica general del Sahel

Fuente: Cobo y Herranz Lespagnol, 2018.

La climatología del Sahel, dada su posición geográfica, es semiárida y de carácter desértico, de tal manera que es extremadamente vulnerable a los cambios climáticos, sobre todo a las sequías derivadas de la escasez de precipitaciones que, junto al aumento de la población genera problemas como la inseguridad alimentaria y favorece, por tanto, la inestabilidad, además de los conflictos y una creciente violencia (Fuente Cobo y Herranz Lespagnol, 2018). Además, la escasa fertilidad del suelo y la ausencia de recursos hídricos ha conseguido impedir la sedentarización de los pueblos nómadas, aumentando así una ruptura social (Calduch Cervera, 2013)

En términos históricos y como resultado de la Conferencia de Berlín de 1885, el Sahel estuvo fundamentalmente colonizado por las potencias europeas de Francia y Gran Bretaña, a partir del siglo XIX con una incursión de oeste a este y de norte a sur respectivamente (Anguita Olmedo y González Gómez del Miño, 2019). Dicho proceso de colonización, al no tener una duración muy prolongada en el tiempo, unos sesenta años aproximadamente, generó en consecuencia una serie de Estados artificiales que agrupó bajo las mismas fronteras a diferentes grupos de población y etnias con instituciones de gobierno débiles aumentando la fragilidad e inestabilidad política de la región (Calvo Albero, 2024).

En cuanto a la demografía, el Sahel se caracteriza por ser una de las zonas del mundo con mayor expansión demográfica. Las tasas de fertilidad son extremadamente altas con unos índices de 6,64 hijos por mujer en Níger o 5,35 hijos por mujer en Mali (CIA, 2024). En consecuencia, esto genera un crecimiento explosivo demográfico a un ritmo constante, previendo al Sahel como el productor demográfico del mundo en los años venideros con estimaciones de subida de hasta 200 millones de habitantes para el año 2050 (Aznar Fernández Montesinos et al., 2018). Asimismo, al ser sociedades jóvenes como resultado del crecimiento demográfico, se genera un rejuvenecimiento extremo de las mismas con una esperanza de vida muy baja (Aznar Fernández Montesinos et al., 2018). Otro aspecto que se debería tener en cuenta, es que estos sectores jóvenes de la sociedad, pese a que la población en esta región es mayoritariamente de tipo rural, se han ido concentrando en las ciudades haciendo que los Estados prioricen sus escasos recursos en los centros urbanos fomentando así las desigualdades con el mundo rural y la sensación de abandono (Ballesteros Martín, 2015). Con respecto a la población, a pesar de esta concentración, gran parte de la sociedad, sobre todo la rural se encuentra muy dispersa en el territorio lo que hace que los niveles de densidad de población sean bastante bajos en términos generales (Fuente Cobo y Herranz Lespagnol, 2018). Como ya hemos visto, el crecimiento demográfico del Sahel es mucho más grande que el de las potencias europeas, pero para poder asumir esos niveles, es necesario tener un crecimiento económico similar con el fin de poder garantizar el acceso a los recursos y servicios a todos los componentes de estas sociedades (Ballesteros Martín, 2015).

Entre las consecuencias de esta sociedad joven estaría el aumento de los movimientos migratorios que ya de por sí se ven muy fomentados por los conflictos y la falta de seguridad. De esta manera, el Sahel se sitúa como una de las regiones del mundo con mayor número de rutas migratorias tanto legales como ilegales y de movimientos de refugiados o desplazamientos internos (Fuente Cobo y Herranz Lespagnol, 2018) ya sea o bien por la violencia e inestabilidad de la zona o bien como resultado del cambio climático.

Desde el punto de vista económico, el Sahel es uno de los territorios más pobres del planeta con uno de los índices de PIB per cápita más bajos, con países como Níger y Chad que no alcanzan los 600$ o con Burkina Faso y Mali que se sitúan en torno a los 700$ (Banco Mundial, 2025). Con respecto a esto último, si bien el Magreb tiene índices relativamente más altos a los del Sahel, estas dos regiones en comparación con los países vecinos del sur de Europa, presentan una inmensa brecha económica tal y como podemos observar en la siguiente tabla. De hecho, en ella también es posible observar el crecimiento escaso del PIB per cápita en los países sahelianos entre 2022 y 2023 y su comparativa con los países europeos reflejados, inclusive las antiguas potencias colonizadoras.

Gráfico 1. PIB per cápita de países del Sahel 2022-2023.

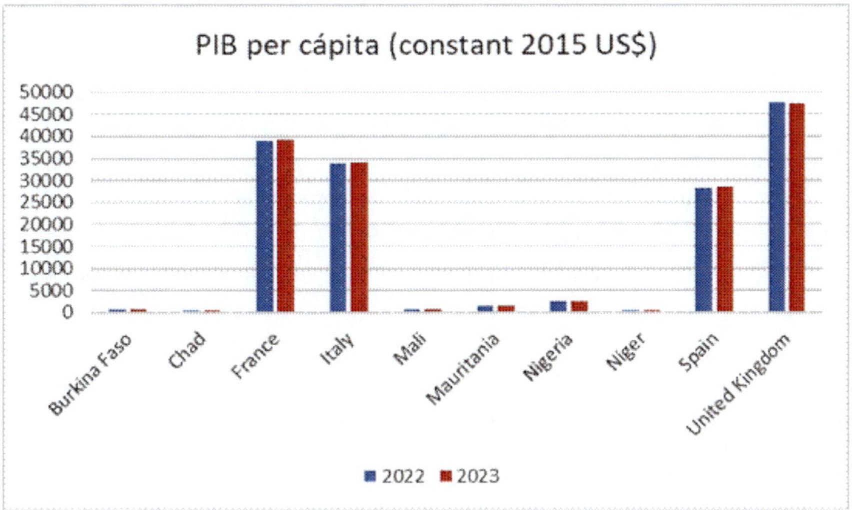

PIB per cápita (constant 2015 US$)

Fuente: Elaboración propia a partir de datos del Banco Mundial, 2025.

Por otra parte, estos países se basan en modelos económicos poco diversificados de tipo agrícola que, dado la climatología y su degradación por el cambio climático dificulta la obtención de recursos naturales, fomentando así la inseguridad alimentaria, además de la imposibilidad de despegue de sus economías y su estancamiento que se ve agravado por el factor demográfico (Aznar Fernández Montesinos et al., 2018).

Siguiendo esta línea, la dispersión de la población en zonas rurales hace difícil la implementación de medidas públicas elementales como las sanitarias, las educativas o reformas del sector agrario, favoreciendo por ende economías distintas con la mayor parte de la población viviendo en extrema pobreza y un porcentaje muy pequeño de la misma concentrado en ciudades con rentas superiores. Esto, como resultado genera problemas sociales de desigualdad, potenciando, por contra, la inestabilidad, los conflictos armados o la radicalización (Calduch Cervera, 2013). Igualmente, los tráficos ilegales de personas, armas y drogas, etc., funcionan como principal fuente de ingresos de determinadas tribus situadas cerca de las fronteras con el Norte de África (Calduch Cervera, 2013) lo que en conjunto hace que las economías sahelianas estén muy influenciadas por las dinámicas internacionales y se la relegue a una mera exportadora de materias primas del sector primario en el mercado mundial (Anguita Olmedo y González Gómez del Miño, 2019).

En el aspecto político, en principio todos estos países son repúblicas constitucionales, si bien como ya hemos mencionado con anterioridad, dada la colonización, la debilidad y falta de arraigo de las estructuras de gobierno, esta región se ha caracterizado por numerosos golpes de estado. Mauritania, por ejemplo, desde su independencia en 1960 ha experimentado unos diez golpes de estado (Ballesteros Martín, 2015), constituyendo el Golpe de Estado de Níger del 2023 el episodio más reciente a nivel regional. Según el Índice de Estados Frágiles de 2024, casi todos los países del Sahel se encuentran en las primeras posiciones de una lista de 179 estados, con Somalia en el primer puesto, Chad en el número 10 y Mali en el 14 (Fragile States Index, 2024). Por tanto, este espacio que no ocupa el Estado ha dado lugar a la proliferación de una multitud de grupos terroristas yihadistas como pueden ser Al Qaeda del Magreb Islámico, *Jamaat Nusrat al-Islam wal Muslimeen* (JNIM), es decir, Grupo de Apoyo al Islam y a los Musulmanes o El Estado Islámico (EI) que se nutren tanto de esta inestabilidad y desigualdades sociales como de los distintos tipos de tráficos ilegales que recorren la región. Es más, esta situación en los últimos años se ha vuelto cada vez más problemática debido a la mayor implantación de estos grupos terroristas desde Oriente Medio generando mayores movimientos migratorios de desplazados por conflictos que se acaban sumando a los ya existentes por factores climáticos o económicos, poniendo en jaque a los distintos Estados que no pueden hacer frente a situaciones cada vez más complejas dada la escasez de recursos de los que disponen.

Asimismo, el Sahel es una región de potencial riesgo para los países del Magreb debido a su inmediatez geográfica a los países de entrada a Europa, como España, y su la proximidad hacia algunos territorios como las Islas Canarias por parte de países como Mali o Mauritania, así como los intereses materiales de Occidente en la zona (Echevarría Jesús, 2014). De manera más profunda, a Europa le preocupa en especial dicho territorio por el tema migratorio, dentro del cual la UE ha tenido ya graves crisis al respecto como la Crisis de los Cayucos del 2006, y que puede verse incrementada en el futuro por la inestabilidad del Sahel y el Magreb. Relacionado a este fenómeno, el siguiente aspecto que más preocupa a la UE es la amenaza yihadista que, si bien ahora no presenta demasiada peligrosidad, tenemos que tener en cuenta que el Sahel se está conformando como uno de los epicentros del terrorismo internacional, por tanto, pudiendo desestabilizar Europa y propiciar un aumento del terrorismo en el territorio que repercutiría en un mayor número de atentados en suelo europeo (Calvo Albero, 2024). Por último, el fracaso y retirada de las distintas intervenciones militares occidentales y europeas en las zona como la Operación Barkhane (Francia), la operación MINUSMA o la Fuerza Conjunta G5 Sahel junto con la mayor intervención de Rusia con los Africa Korps sugieren un mayor foco de atención por parte de estos países de cara al futuro.

1.2. Dinámicas del terrorismo yihadista en la región

Como ya hemos visto en el apartado anterior, el Sahel se caracteriza por ser una región extremadamente complicada e inestable como consecuencia de los factores anteriormente mencionados. Sin embargo, a esta inestabilidad, se le añade un mayor elemento de inseguridad derivado de la presencia de múltiples organizaciones extremistas que coexisten con organizaciones criminales, milicias étnicas, grupos armados, así como las fuerzas y cuerpos de seguridad de cada país, dificultando el mantenimiento, así como la labor de control y de seguridad por parte de los Estados, a la vez que contribuye en gran medida a la expansión de la amenaza yihadista (Fuente Cobo, 2018).

En primer lugar, para poder desarrollar este apartado de una manera más holística, trataré, primeramente, de desglosar los distintos grupos insurgentes de tipo yihadista que operan a día de hoy en la región para luego elaborar sus dinámicas y tendencias.

Los distintos grupos yihadistas que operan en esta región se dividen principalmente por su afiliación ya sea bien a Al Qaeda o bien al EI, también conocido como el Daesh. Ambos grupos están dentro del yihadismo global y basan sus creencias e ideologías en la corriente Salafista del Islam, si bien con interpretaciones distintas. Por una parte, Al Qaeda entiende el islam en su sentido más bélico pues, a través de la violencia terrorista debe imponer un califato o imperio panislámico que incorpore todos los territorios que en algún momento de la historia tuvieron presencia musulmana. Para ello, lleva a cabo una estrategia de lucha contra el enemigo cercano, es decir, contra las propias sociedades musulmanas que no siguen esta corriente del islam, así como contra el enemigo lejano, sociedades consideradas como infieles y que conforman Occidente principalmente (Reinares, 2015). Por otra parte, en relación al EI, éste, que nace de una escisión de Al Qaeda en el 2003, ya en el 2014 proclamó el califato por lo tanto lo que lo diferencia de este otro es que todos sus resultados siguen constituyendo las aspiraciones de Al Qaeda (Reinares, 2015).

En cuanto a sus orígenes, estos se pueden situar en la Guerra Civil de Argelia (1991-2002) que, años más tarde, empezó a llamar la atención de Al Qaeda con el establecimiento en 2007 de la franquicia Al Qaeda en el Magreb Islámico, comúnmente conocida como AQMI, de la que posteriormente proliferaron otros grupos (Fuente Cobo, 2018) y la Guerra Civil de Libia tras el proceso de las Primaveras Árabes con la aparición del Daesh a partir del 2014 como una expansión de Oriente Medio y que desató una lucha por la lealtad así como por el liderazgo en el Sahel contra Al Qaeda (Fuente Cobo, 2018), grupo que en los últimos años ha experimentado cierta recuperación del territorio situándose de nuevo como la principal amenaza en la región.

El grupo AQMI, franquicia de Al Qaeda desde el 2007, opera en la zona del Norte de África fundamentalmente dado que su proyecto político emula la creación de un emirato islámico en el Magreb pasando por el Sahel. Por ello, el grupo se diversificó en pequeños grupos o *katibas* para abarcar todo el terreno, lo que dio como resultado el surgimiento de la conocida como Yihad Negra, es decir, "militantes locales", aumentando así la complejidad de la amenaza yihadista (Fuente Cobo, 2018).

En el 2011, surgía el grupo Movimiento para la Unicidad y la Yihad en el África Occidental (MUYAO) como una división del anterior, actuando en África Occidental para evitar el enfrentamiento con AQMI (Fuente Cobo, 2018).

Simultáneamente, ese año también se creó la *Katiba* Ansar Dine, derivada de AQMI como consecuencia de las revueltas tuareg de Mali en la década de los noventa, como el principal grupo de operaciones en Mali central y meridional (Raleigh, et al., 2023) avanzando hacia el sur hasta llegar a países como Costa de Marfil o Burkina Faso a través de sus propios grupos como la *Katiba* Macina (Fuente Cobo, 2018)

Dos años más tarde, en 2013 surge Al Morabitun, derivado del grupo MUYAO en Gao, siendo parte actualmente de JNIM y actuando activamente en las fronteras entre Mali, Níger y Burkina Faso. Por otra parte el grupo Emirato del Sáhara (Katibat al-Furqan), de AQMI, sigue operando desde principios de este siglo en la región de Timbuktu de Mali (Raleigh, et al., 2023).

No obstante, en el año 2017, nace el grupo JNIM, filial de Al Qaeda y al cual, se le incluyeron las *katibas* de Ansar Dine, *Katiba* Macina, Al-Murabitun y las *katibas* del Sahara de AQMI (Fuente Cobo, 2018) principalmente bajo la motivación de unir a todas estas *katibas* que habían ido surgiendo entre los años 2012-2016 en un único grupo que representara todo el Sahel por lo que actualmente opera fundamentalmente en Mali (Raleigh, et al., 2023) pero expandiéndose por la zona central del Sahel y el Golfo de Guinea (Altuna Galán, 2024).

Como ya hemos mencionado con anterioridad, la entrada del EI en esta región estuvo motivada fundamentalmente para cuestionar la dominación de Al Qaeda como principal grupo yihadista internacional, como ya le pasó en Oriente Próximo, donde sus victorias y el apoyo de la población musulmana le hizo querer expandirse como alternativa a este otro (Fuente Cobo, 2018). Por ello, su intervención en el Sahel va a dar lugar a la proliferación de otros grupos, en este caso afiliados al ISIS.

En el año 2015, nace el grupo del Estado Islámico en el Gran Sáhara (ISGS/ISSP) (Fuente Cobo, 2018). Su origen se sitúa en su líder, antiguo miembro de MUYAO, que, posteriormente, se había incorporado a Al Morabitun, y que decidió separar una parte de este grupo jurando lealtad al Daesh mientras que el grueso de Al Morabitun se mantenía fiel a Al Qaeda (Fuente Cobo, 2018). Por tanto, esta escisión dio lugar a dos sectores dentro de Al Morabitun con lealtades distintas, y desde entonces, el ISGS, opera en Mali, Níger y Burkina Faso (Raleigh, et al., 2023). Importante mencionar que, actualmente, a este último grupo se le conoce bajo el nombre de Estado Islámico en el Sahel o El-Sahel.

En diciembre de 2016, entra en escena el grupo Ansarul Islam que coopera actualmente tanto con JNIM como con ISGS, principalmente en Burkina Faso donde ha lanzado ataques conjuntos contra el Estado junto con AQMI, Ansar Dine, *Katiba* Macina e ISGS o El-Sahel (Raleigh, et al., 2023).

Por último, está el caso de *Jama'atu Ahlis-Sunna Lidda'Awati Wal-Jihad* (Boko Haram), es decir, Personas Comprometidas con la Propagación de las Enseñanzas del Profeta y la Jihad como uno de los grupos más longevos de la región que tenía relaciones con AQMI desde su creación y, muy activo en las zonas del lago Chad, es decir, Níger, Chad y Camerún. Sin embargo, es con la aparición del Daesh cuando sufre una división fruto de una rivalidad en el liderazgo con el surgimiento del grupo Estado Islámico en África Occidental (ISWAP) (Fuente Cobo, 2018) con lealtad al EI y como principal grupo de operaciones del Daesh en el territorio desde 2016. Ambos grupos controlan la cuenca del lago Chad lo que les lleva a enfrentamientos con los Estados de Níger, Chad y Camerún así como entre estos dos (Fuente Cobo, 2018).

Mapa 2. Influencia de los grupos JNIM y el ISGS en el Sahel.

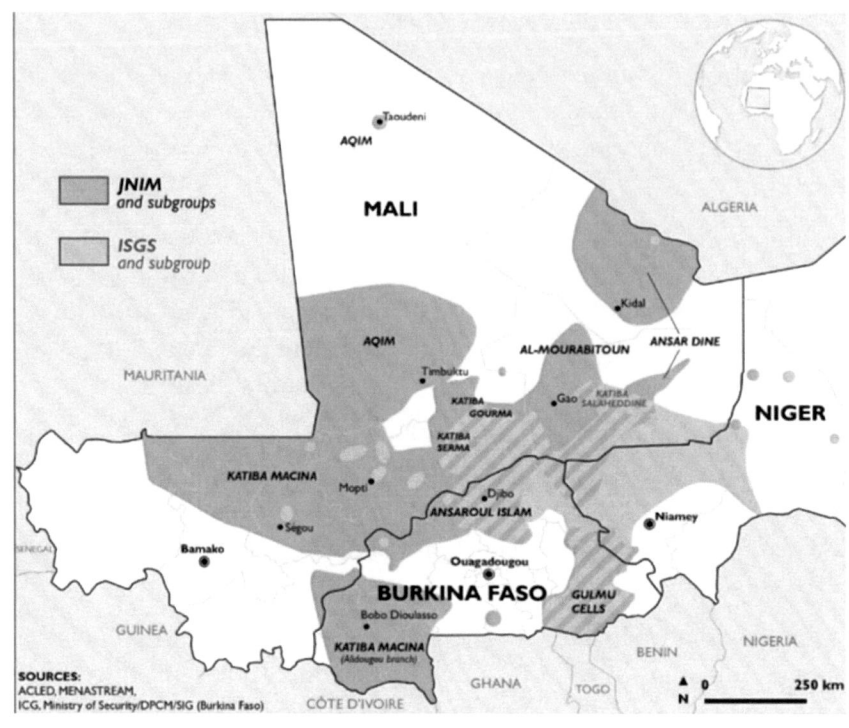

Fuente: Raleigh, et al., 2023.

Una vez aclarado todo lo anterior, procederemos a analizar las tendencias del movimiento terrorista yihadista en la región del Sahel en los últimos años.

Para empezar, el yihadismo lleva experimentando un importante ascenso en los últimos años, con cada vez una mayor presencia del islamismo violento y radical en áreas como el Sahel y la cuenca del lago Chad, así como en otras zonas de Somalia o la República Democrática del Congo en el continente africano (Aguilera, 2024). Es más, África se posiciona de nuevo, por cuarta vez, como el epicentro del terrorismo yihadista global relegando a un papel relativamente inferior a la región de Oriente Medio, registrando 1.629 ataques de esta índole en el año 2023 lo que, según el Anuario del Observatorio Internacional de Estudios sobre el Terrorismo, supone un aumento del 30% con respecto a las cifras registradas en el 2022 (Aguilera, 2024). Además, las zonas del Sahel occidental, en especial Burkina Faso y Mali y la cuenca del Lago Chad con Nigeria, se consolidan como los lugares principales de esta actividad yihadista durante dicho año, dada la actividad del grupo JNIM y el El-Sahel en el primero y el grupo Boko Haram y el ISWAP en el segundo, si bien con el liderazgo de JNIM y Boko Haram frente a las franquicias del ISIS en ambos territorios (Aguilera, 2024).

Mapa 3. Cambios importantes en las muertes por terrorismo, 2020-2023.

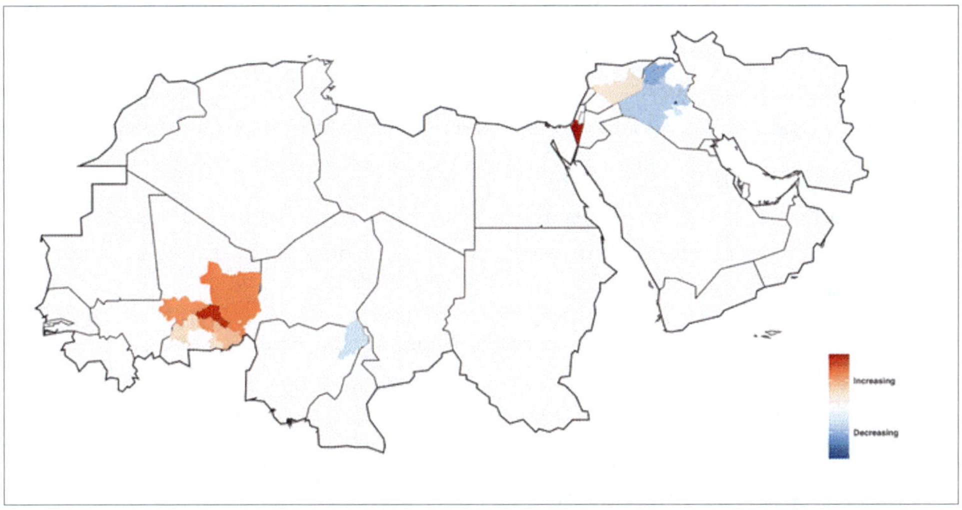

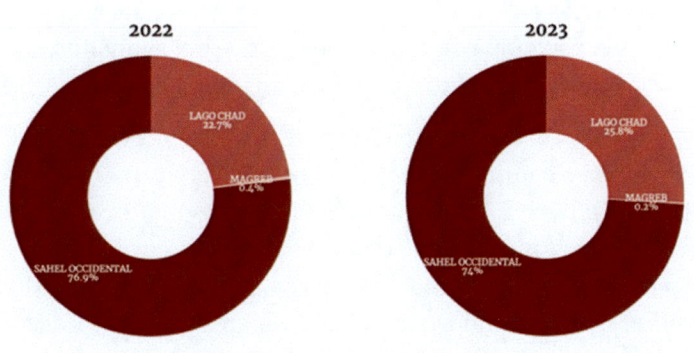

Fuente: Global Terrorism Index, 2024.

Es más, según datos del Global Terrorism Index, por primera vez en sus informes de terrorismo global, Burkina Faso se ha posicionado en el año 2023 como el primer país más afectado por el terrorismo, desplazando a países como Afganistán o Irak de los primeros puestos (Institute for Economics and Peace, 2024). Con respecto a las víctimas de estos ataques, la cifra en 2023 se sitúa en 6.597 muertes con Burkina Faso y Mali concentrando el 75% de los fallecidos en términos regionales y el 50% a nivel global. Esto supone un aumento del 90% con respecto al 2022 (Aguilera, 2024). El Sahel Occidental es la subregión con mayor actividad yihadista con un incremento del 45% en los ataques que principalmente, como ya he mencionado con anterioridad, se concentran en buena medida en Burkina Faso en primer lugar y Mali en segundo lugar (Institute for Economics and Peace, 2024), por tanto, posicionando esta subregión en el 2023 como el epicentro de al menos la mitad de los ataques terroristas globales (Aguilera, 2024). Por otro lado, en la subregión del Lago Chad la actividad yihadista aunque es ascendente y se concentra principalmente en Nigeria, se ha visto más protagonizada por ataques entre Boko Haram y el ISWAP por el dominio territorial (Aguilera, 2024). Por todo ello, África Occidental es la región con mayor incremento de la actividad yihadista así como de las repercusiones humanitarias con JNIM como el principal autor de la mayor parte de los ataques mortales con un aumento de la violencia estrechamente seguido del grupo El-Sahel (Aguilera, 2024).

Gráfico 2. Evolución de acciones terroristas por subregión (2022-2023).

2022

LAGO CHAD
22.7%

MAGREB
0.4%

SAHEL OCCIDENTAL
76.9%

2023

LAGO CHAD
25.8%

MAGREB
0.2%

SAHEL OCCIDENTAL
74%

Fuente: Observatorio Internacional de Estudios del Terrorismo, 2024.

En relación al 2024, éste representa el quinto año ininterrumpido en el que África Occidental se sigue situando como el epicentro del terrorismo yihadista, por tanto continuando con las tendencias del año anterior aunque, con la novedad de una mayor expansión hacia el sur del Sáhara (Aguilera, 2025), que explicaremos más adelante. A este respecto, si bien tanto JNIM como el El-Sahel han experimentado un gran ascenso, posicionándose como las dos organizaciones terroristas más fuertes y desplegadas, debemos mencionar que la rama de Al Qaeda en el Sahel, es decir, el grupo JNIM es el grupo que más ha monopolizado la violencia en la zona con un aumento de sus actuaciones del 56,1% en 2023 al 61,5% en 2024 (Aguilera, 2025). Por su parte, las ramas de Boko Haram y el ISWAP, aún cuando continúan con sus dinámicas violentas y de enfrentamientos mutuos, han sufrido una disminución en la letalidad de sus actuaciones, aunque controlando todavía la zona de la cuenca del lago Chad (Aguilera, 2025).

Adicionalmente, si en 2023 se contabilizaron 6.597 muertes por terrorismo, el año 2024 se posiciona en la elevada cifra de 7.960 víctimas, dentro de las cuales 4.315 proceden exclusivamente de Burkina Faso, país que se sigue manteniendo como líder regional en cuanto a los ataques más letales por parte de estos grupos (Aguilera, 2025).

Adentrándonos en las distintas subregiones, podemos observar que el Sahel Occidental se posiciona de nuevo como el área con más operaciones del terrorismo yihadista mundial, con más ataques letales, principalmente como resultado de la actividad, operatividad y control del territorio (Burkina Faso, Mali y Níger) por parte de JNIM, y que se muestra en el siguiente gráfico.

Gráfico 3. Evolución de acciones terroristas por subregión (2023-2024).

Fuente: Observatorio Internacional de Estudios del Terrorismo, 2025.

Ahora bien, en lo que a 2024 respecta, resulta especialmente relevante destacar la expansión de JNIM a través de sus distintas células, más allá de Mali y Níger, a las fronteras de Senegal, Mauritania y la República de Guinea, así como las fronteras con Benín y Nigeria respectivamente, áreas que hasta hace poco no contaban con presencia terrorista. Esto, indudablemente, genera una gran preocupación por la posibilidad de que este grupo esté tratando de llevar a cabo un proyecto político más ambicioso (Aguilera, 2025). Por su parte, El-Sahel también ha ampliado sus áreas de influencia en Mali, Burkina Faso y Níger, concentrando sus operaciones en el área de Tillabéri (Níger) aunque perdiendo localidades cercanas a Ménaka (Mali). Independientemente de esto último, El-Sahel domina todas las carreteras que entran y salen de Gao, permitiendo al grupo controlar los tráficos de personas y suministros (Aguilera, 2025). Por último, en lo que respecta al área de la cuenca del Lago Chad, el ISWAP se mantiene como el principal grupo operativo y consolidando su influencia en zonas de Borno, Yobe y Diffa, mientras que Boko Haram ha recuperado el control de ciertas áreas de la triple frontera entre Níger, Chad, Nigeria y Camerún (Aguilera, 2025). Por su parte, en esta subregión, es el Estado nigeriano el que se sigue posicionando como el país más afectado por la actividad de ambos grupos a los que se les ha unido o sumado la rama del ISIS de El-Sahel (Aguilera, 2025).

De manera extraordinaria y como ya hemos anticipado anteriormente, desde el año 2021 se lleva produciendo un progresivo avance de la amenaza yihadista hacia los países que conforman el Golfo de Guinea, es decir, Togo Benín, Costa de Marfil y Ghana. De hecho, los dos primeros países se han convertido en los principales focos, registrando Togo mayor letalidad en los ataques perpetrados pero menor cantidad de estos en relación con Benín en el año 2023 (Aguilera, 2024). En el 2024, si bien el número de atentados en estos dos países han disminuido en comparación con el año anterior, se percibe un asentamiento progresivo de la violencia terrorista, sobre todo por parte de JNIM del que se deduce que habría nombrado a un emir en Benín para conducir las operaciones y generar espacios de aprovisionamiento y de reposo de sus actividades en el Sahel (Aguilera, 2025).

Este despliegue hacia el sur por parte de los grupos terroristas es el resultado de su estrategia para expandir la amenaza yihadista a países con economías superiores pero con grandes implicaciones geopolíticas. En primer lugar, estos países cuentan con una amplia extensión de reservas forestales, unas 588 en total, que facilitan esta expansión yihadista. De hecho, al estar generalmente cerca de las fronteras y lindar con reservas de otros países, se convierten en escondites o vías de paso para los terroristas permitiendo que el yihadismo se expanda y campe a sus anchas en las regiones septentrionales (Garrido Guijarro, 2024). Sin embargo, cabe destacar que esta expansión se incentiva fruto de las operaciones militares francesas que obligaron a estos actores terroristas a buscar otras zonas de descanso, así como el reclutamiento de jóvenes y acceso a alimentos y otros recursos (Garrido Guijarro, 2024). Además, la posición costera de estos países favorece, por ende, la entrada y actividad de los tráficos ilícitos como la droga o el de las armas que suponen un vínculo con los grupos terroristas fomentando su actividad como ya explicaremos a lo largo del trabajo (Garrido Guijarro, 2024). Por último, el hecho de que estos países, a diferencia de los del Sahel, tengan mayor presencia de población cristiana y fomenten, como consecuencia, una mayor marginalización de los sectores musulmanes, resulta un factor relevante que hace más fácil la labor de reclutar a estas personas al encontrarse en situaciones de desigualdad y discriminación (Europa Press, 2023) a la vez que facilitan la expansión de la amenaza yihadista en el norte de estos países debido al establecimiento de estas comunidades musulmanas en las regiones norte también.

De todas formas, cabe mencionar que tanto el aumento de la amenaza yihadista en el Sahel como su expansión al Golfo de Guinea está estrechamente relacionado con la retirada de las distintas operaciones militares del G5- Sahel, las operaciones francesas de Tokuba y Barkhane, la operación MINUSMA de la ONU o la operación europea de EUCAP Sahel-Níger durante los años 2023 y 2024 (Altuna Galán, 2024) lo que genera preocupación en los países occidentales a la vez que permite la entrada y desarrollo de otros actores no occidentales en la región como puede ser el Grupo Africa Corps, (anteriormente Grupo Wagner) (Garrido Guijarro, 2024). Este grupo está directamente adscrito al Ministerio de Defensa ruso y tiene como objetivo aumentar la presencia militar rusa en este continente para la consecución de una serie de intereses geopolíticos como pueden ser la obtención de recursos naturales, la disminución del intento de aislamiento internacional en el que se encuentran actualmente o la disputa geoestratégica con los occidentales (Garrido Guijarro, 2024).

Por último, como resultado de la retirada de las misiones anteriores, el 16 de de septiembre de 2023 a través de la Carta Liptako-Gourma, se creó una nueva iniciativa militar llamada Alianza de Estados del Sahel (AES) integrada por Mali, Níger y Burkina Faso, Estados todos salidos de la CEDEAO. Su origen se encuentra en el establecimiento en estos tres países de varias juntas militares como consecuencia de los golpes de estado vividos entre el 2020 y el 2023 y se basa en la idea de conseguir una alianza defensiva con un compromiso de asistencia mutua que tenga como finalidad la búsqueda de soluciones a la inestabilidad regional, la lucha contra el terrorismo yihadista, así como el fortalecimiento de la integración y cooperación en sectores estratégicos como la agricultura, el agua, la energía, etc. (Aljazeera, 2023).

1.3. La ruta Sahel-Canarias: características y evolución

Como ya hemos estado mencionando a lo largo del trabajo, los factores como la inestabilidad política, la situación económica y el cambio climático, la falta de alimentos y servicios básicos, así como el aumento demográfico hacen del Sahel una región con una importante presencia de flujos migratorios irregulares. Los conflictos, la inseguridad y la falta de una gobernanza efectiva por parte de los Estados, la desertificación como consecuencia del cambio climático, la porosidad de las fronteras y, sobre todo, la búsqueda de oportunidades económicas como el empleo suponen los principales motivos que dan lugar a estos desplazamientos masivos de población en los países del Sahel (Eguegu, 2024). En este sentido, organismos como la Organización Internacional de las Migraciones (OIM) establece que más de la mitad de los flujos migratorios totales en el continente africano, se dan en la región de África Occidental. Por ello, en los últimos años, la migración tanto dentro de esta región como de África a Europa ha aumentado de manera exponencial (Mora Tebas, 2023). Cabe destacar, no obstante que, si bien la mayor parte de estas migraciones irregulares se dan dentro de los países del Sahel, es decir, de manera interna, debido a la facilidad de movilidad sin necesidad de visa que tiene la población de los países que integran la Comunidad Económica de Estados del África Occidental (CEDEAO), hay que tener también en cuenta que el Sahel es una región que funciona como punto de partida para la migración que tiene como destino Europa con vías como aquella que discurre a través de Níger hasta Libia para llegar a Europa o la ruta más occidental a lo largo del Norte de África o incluso desde las costas de los países de África Occidental hasta España (Eguegu, 2024).

Por tanto, las principales rutas marítimas de entrada a la UE a través de los países del sur de Europa son la ruta del Mediterráneo Central, la del Mediterráneo Oriental, la del Mediterráneo Occidental y la ruta de África Occidental, constituyendo estas dos últimas las principales vías de acceso para los flujos migratorios procedentes de países del

Sahel como pueden ser Nigeria o Chad (Hernando, 2024). Con respecto a la última ruta mencionada, ésta es la que más nos concierne dado que es la vía de migración marítima hacia las Islas Canarias desde las costas Senegalesas, Marroquíes y Mauritanas a través del puerto de Nuadibú (Hernando, 2024) mientras que la del Mediterráneo Occidental es la ruta marítima desde Marruecos y Argelia hacia las ciudades autónomas españolas de Ceuta y Melilla (González del Miño, 2018). Con respecto a las procedencia o nacionalidad en términos generales de los migrantes o refugiados que tienden a tomar la ruta de África Occidental, éstos suelen ser de Marruecos, Burkina Faso, Nigeria, Níger, Senegal, Mali, Costa de Marfil, Guinea y Camerún (CEAR, 2016). A lo largo de este apartado analizaremos la evolución de este corredor así como la procedencia de los individuos llegados a las costas canarias en los últimos años.

Mapa 4. Rutas Migratorias hacia Europa.

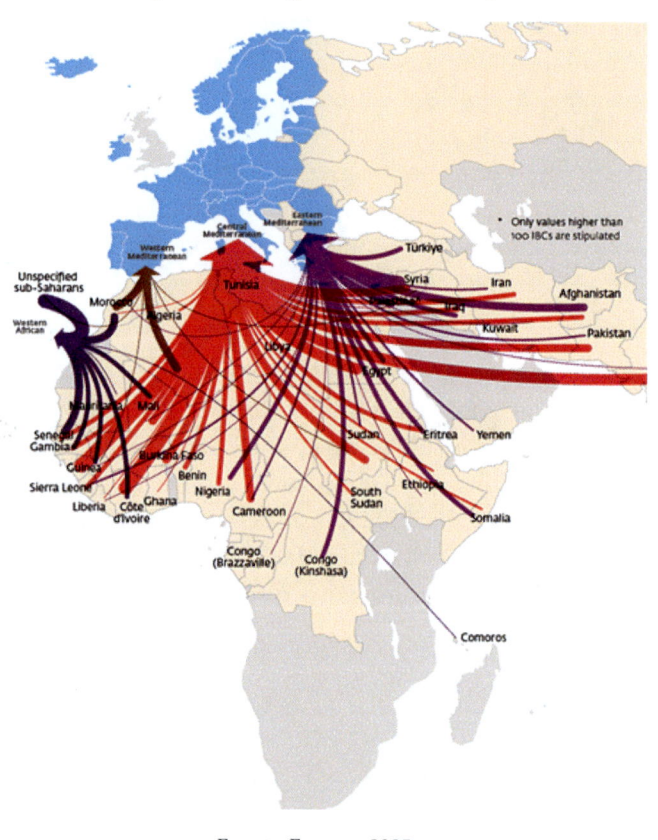

Fuente: Frontex, 2025.

Siguiendo la línea de la Ruta de África Occidental, tenemos que tener en consideración la relevancia de las Islas Canarias en el espacio migratorio. Las Islas Canarias, ubicadas en la región de Macaronesia y compuestas por 8 ínsulas, constituyen la frontera más al sur y más periférica de España y, una de varias regiones ultraperiféricas de la UE. Al encontrarse junto a las costas de los Estados de África Occidental, se convierte en un lugar tanto de entrada y salida de los tráficos o flujos marítimos procedentes de la zona Occidental de este continente. Su posición geográfica, y su cercanía a una de las áreas más preocupantes del mundo, es decir el Sahel, hace que se encuentre dentro de los estándares de seguridad más altos del mundo tanto bajo la protección de la OTAN con el Tratado de Washington como de la UE con el Tratado de Lisboa (Ballesteros Martín, 2013). Asimismo, la cercanía de los grupos yihadistas a las islas, dada su implantación a lo largo de todo el territorio saheliano, supuso uno de los detonantes para que la UE llevara a cabo las operaciones militares en la región con el fin de mantener la estabilidad en las zonas próximas a las fronteras europeas (Ballesteros Martín, 2013), lo que con su retirada reactiva de nuevo y con más fuerza esta amenaza.

Esta Ruta Atlántica hacia el archipiélago canario, comienza a finales del siglo XX con la llegada entre 1994-1995 de dos pateras con inmigrantes de nacionalidad saharauis y marroquíes a bordo y que, en un principio, al ser considerados como hechos aislados no se le prestó demasiada atención. No obstante, es a partir de estos primeros sucesos, cuando las islas comenzaron a experimentar mayores llegadas espaciadas en el tiempo procedentes de Tarfaya o el Sáhara Occidental hacia las islas más occidentales que, para 1998, protagonizaron un colapso institucional al carecer de infraestructuras para albergarlos (Brandon Fernández, 2020). Posteriormente, como resultado del triunfo de estas primeras llegadas y del establecimiento del Sistema Integrado de Vigilancia Exterior (SIVE) en el Estrecho y en las costas andaluzas, esta ruta se acabó consolidando (López Sala, 2006). Para los años 1999 y 2005 la llegada de embarcaciones a las Islas Canarias procedentes de Senegal, Nigeria, Mauritania, Ghana, etc., se convirtió en algo rutinario (Brandon Fernández, 2020). Más adelante, en el 2002, se produce un repentino repunte de las llegadas al archipiélago que entre 2004-2005 vieron un claro descenso que derivó en una relajación de las instituciones (Brandon Fernández, 2020) que, más tarde, con la Crisis de los Cayucos del 2005-2006 sería muy perjudicial. Esta denominada Crisis de los Cayucos se dio por la llegada de más de 30.000 migrantes a las costas canarias, provocando una emergencia humanitaria, sobre todo en aquellas ínsulas que tuvieron mayor afluencia y con la detección, por primera vez de llegadas marítimas a las islas más occidentales como El Hierro, lo que suponía un incremento de la peligrosidad del viaje debido a su mayor lejanía (López Sala, 2006).

Los años siguientes, si bien la situación se volvió relativamente estable y sin cifras como las del 2006, tenemos que tener en cuenta dos aspectos. En primer lugar, entre los años 2015 y 206, como consecuencia de la "Crisis de Refugiados" de Siria que afectó sobremanera a la UE, el protagonismo y la utilización de las rutas del Mediterráneo Oriental y Central fue bastante superior al resto de las rutas marítimas de entrada a Europa, con la Ruta Atlántica quedándose al margen de estos movimientos masivos de población. No obstante, es a partir del 2018 cuando se percibe un aumento de las llegadas por vía marítima a las Canarias, que pasan de 425 en 2017 a 1307 en 2018, por tanto, suponiendo un incremento del 207,5% (Ministerio del Interior, 2018). Al año siguiente, en 2019, el número de llegadas volvió a subir con un 106,4% registrando 2.698 entradas, así como un aumento de las embarcaciones de 69 en 2018 a 133 en 2019, subiendo en consecuencia un 92,8% según datos del Ministerio del Interior (Ministerio del Interior, 2019).

En el año 2020, como consecuencia de la pandemia del COVID-19 y el consiguiente cierre de numerosas fronteras y rutas, muchos inmigrantes decidieron utilizar la Ruta Atlántica para llegar a Canarias y así poder acceder a territorio europeo. De esta manera, la pandemia no sólo agravó las situaciones de pobreza, conflictos y desastres naturales en los que se encontraban estas poblaciones sino que además fue un detonante más para la movilidad de estas personas (Amnistía Internacional, 2021). Por todo ello, este año se registraron 23.023 llegadas de inmigrantes al archipiélago canario por vía marítima, aumentando un 56,8% con respecto al año anterior. Además, el número de embarcaciones creció un 477,5% en 2020 con un total de 745 embarcaciones en comparación con las 129 registradas en 2019 (Ministerio del Interior, 2020). En relación a la nacionalidad de los inmigrantes, estos eran principalmente de origen subsahariano pero sin especificar la nacionalidad, Marruecos y Mali (FRONTEX, 2021).

El año siguiente, en 2021, las llegadas registradas al archipiélago por vía marítima bajaron un 0,7% con respecto al año anterior con 40.100 llegadas. En cuanto a las embarcaciones, éstas también sufrieron un descenso del 28,6% con 542 embarcaciones en total (Ministerio del Interior, 2021). En relación a la nacionalidad de los inmigrantes, estos eran nacionales subsaharianos no especificados, Marruecos y Bangladesh. Sin embargo, en 2021, la Ruta Atlántica fue una de las tres vías de entrada a Europa más utilizadas junto a la del Mediterráneo Central y los Balcanes Occidentales. (FRONTEX, 2022).

En el año 2022, la tendencia siguió a la baja con un descenso del 27,9% del total de inmigrantes llegados a las Canarias por vía marítima con una cifra de 15.682. Por su parte, las embarcaciones también sufrieron un descenso del 35,4% con la llegada de 350, una disminución de las 542 registradas el año anterior (Ministerio del Interior, 2022). Asimismo las nacionalidades registradas en la ruta atlántica fueron nacionales subsaharianos no especificados, Marruecos y desconocido. Durante este año, la Ruta Atlántica fue la segunda vía marítima más usada por debajo de la del Mediterráneo Central (FRONTEX, 2023).

En el año 2023, los datos oscilan entre los de 39.910 inmigrantes llegados a las Islas Canarias por vía marítima según el Ministerio del Interior (Ministerio del Interior, 2023) y los 40.403 según datos de FRONTEX (FRONTEX, 2024) lo que supone un aumento drástico del 154,5% (Ministerio del Interior, 2023) o 161% (FRONTEX, 2024) respectivamente con respecto al año 2022 y años precedentes como podemos observar en el gráfico a continuación. Asimismo, en relación al número de embarcaciones, estas fueron 610 constituyendo un incremento del 74,3% con respecto al 2022 (Ministerio del Interior, 2023). Esto supone que el 70% del total de las entradas irregulares en España se produjeron por las Islas Canarias (Hernando, 2024).

Gráfico 4. Evolución de llegadas de inmigrantes irregulares a Canarias.

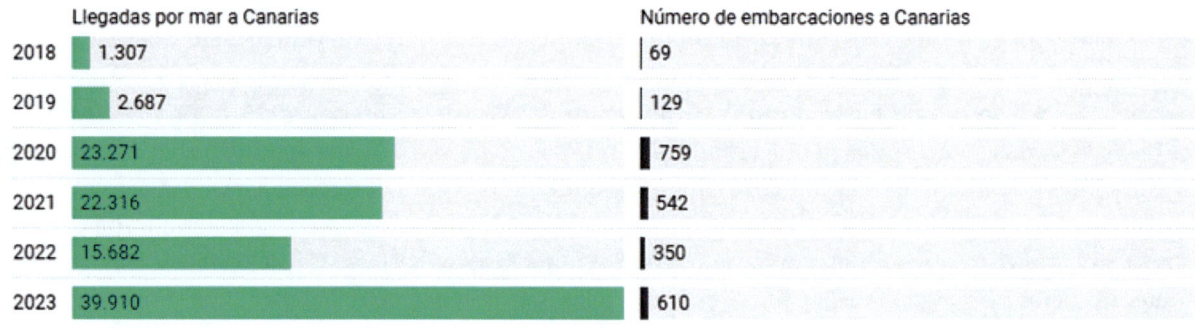

Fuente: Newtral, 2024.

En relación a la procedencia de estos inmigrantes, en 2023 Senegal, Mali y Marruecos se encuentran en los primeros puestos con la mayoría de salidas procedentes de Senegal y Mauritania (FRONTEX, 2024). Asimismo, en una encuesta de ACNUR, la mayor parte de las llegadas a nuestro país, se vieron motivadas por la huida de conflictos o violencia, sobre todo, de aquellos procedentes de Mali, Senegal y Burkina Faso. Por otra parte, con el siguiente gráfico, se puede observar los lugares de partida de las embarcaciones llegadas a las Canarias durante este año (UNHCR, 2024).

Gráfico 5. Puntos de salida y llegada.

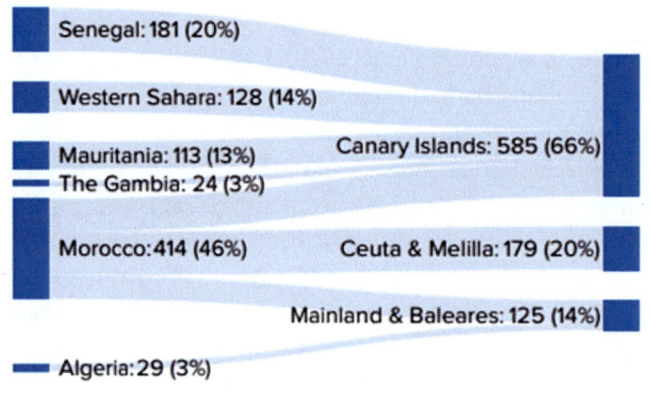

Fuente: UNHCR, 2024.

Por último, el año 2024, registró de nuevo un aumento del 10,3% con la llegada total de 46.843 inmigrantes a las Islas Canarias por vía marítima y unas 692 embarcaciones, lo que supone un aumento del 13,4% con respecto al año pasado (Ministerio del Interior, 2024). Estas cifras del 2024 superan con creces las registradas en 2006, posicionando a la Ruta Atlántica como la principal vía marítima de entrada a España y a Europa desde la zona sur occidental (Hernando, 2024) con un incremento del 18% de llegadas, en parte debido al descenso del 59% de llegadas en la ruta del Mediterráneo Central con Mauritania como el principal país de salida de estas embarcaciones (FRONTEX, 2025). Según informes de FRONTEX, si bien las nacionalidades se han mantenido de manera similar con Mali, Senegal y Marruecos (FRONTEX, 2025), apunta a que, dadas las condiciones políticas, económicas, climáticas del Sahel y la consiguiente expulsión de la población de la región hacia fuera de África, la Ruta Atlántica se sigue constituyendo como una de las principales puertas de entrada a la UE. Asimismo, la creciente violencia e inestabilidad en el Sahel, provocada fundamentalmente por la presencia del extremismo terrorista, no sólo aumenta los flujos migratorios, sino que fomenta la explotación económica y el reclutamiento de las poblaciones locales, lo que podría llevar a un mayor aumento de las travesías marítimas por esta ruta, así como una oportunidad para que individuos conectados con estos grupos terroristas se mezclen o infiltren en los flujos migratorios a Europa (FRONTEX, 2024).

En paralelo a los actuales flujos migratorios, resulta imprescindible observar su posible impacto en los niveles de criminalidad en el archipiélago dado que ambos fenómenos pueden encontrarse relacionados tanto de forma directa como indirecta. En ese sentido, diversos estudios han señalado que la población inmigrante suele presentar ciertos factores socioeconómicos y demográficos como bajos niveles de ingresos y educativos que están asociados a una mayor propensión a comportamientos delictivos (Avilés, 2008). Asimismo, no debe pasarse por alto que, el crimen organizado transnacional, ha contribuido en la implicación de determinados inmigrantes en este tipo de actividades delictivas, lo que contribuye a explicar la relación inmigración-criminalidad (Avilés, 2008). De acuerdo con los datos del Instituto Canario de Estadística, la tasa de criminalidad por cada 1.000 habitantes en el conjunto de las islas ha tendido, en términos generales, al aumento, pasando del 38,4% en periodo de pandemia, es decir, en el 2020, al 47,3% en 2023, último año registrado. Por su parte, aunque en el 2021 hubo un descenso al 37,4%, en 2022 volvió a incrementarse hasta el 43,8% consolidando esa tendencia general (Instituto Canario de Estadística, 2023). En consecuencia, se puede deducir que junto con el aumento de los flujos migratorios durante los últimos años, se ha producido un incremento paralelo de la criminalidad, lo cual agrava la situación general del archipiélago y empeora la calidad de vida de sus habitantes.

1.4. Factores que favorecen la convergencia entre terrorismo y tráfico humano

Para desarrollar un conocimiento más sólido sobre este apartado, es crucial establecer la definición de cada uno de los términos, es decir, del terrorismo y crimen organizado, dentro del cual se encuentra el tráfico humano o de migrantes. La definición de ambos es fundamental pues el crimen organizado y el terrorismo, de manera frecuente, aparecen asociados al ejercer actividades ilegales y organizadas que tienen el uso de la violencia como un componente esencial (De la Corte Ibáñez, 2013).

En este contexto, el terrorismo destaca por la particularidad de ser un concepto que sigue, incluso a día de hoy, sin disponer de una definición común y universal, fundamentalmente, como resultado de las diferentes formas de terrorismo que se han dado a lo largo de los años. No obstante, si nos centramos en el mundo de la Academia, algunos expertos como Luis de la Corte lo definen como:

> *"Un tipo particular de actividad violenta; aunque, por extensión, se usa frecuentemente para hacer referencia a aquellos individuos, grupos y organizaciones que lo practican de forma sistemática. Ante todo, lo que distingue a los actos de terrorismo de otros tipos de acción violenta es su capacidad para provocar un intenso impacto psicológico y social (ansiedad o temor) desproporcionado con respecto a los daños físicos ocasionados a las personas u objetos elegidos como blanco de la agresión" (De la Corte Ibáñez, 2013, p. 153).*

Por su parte miembros del ejército español como la Comandante Atúnez, lo definen de diversas formas tales como: "el uso real o la amenaza de recurrir a la violencia con fines políticos que se dirige no solo contra víctimas individuales, sino contra grupos más amplios y cuyo alcance trasciende con frecuencia los límites nacionales" (Antúnez Olivas, 2024, pp. 105-106) o como: "clase específica de violencia, es decir, es el asesinato sistemático, la mutilación criminal y la amenaza del inocente para crear miedo e intimidación para ganar un acto político o táctico, y normalmente para influir en el público" (Antúnez Olivas, 2024, p. 106).

Por otra parte, el crimen organizado o la criminalidad organizada es definido como: "aquellos fenómenos delictivos que, además de ser imputables a actores colectivos y organizados, tienen como objetivo único o principal la obtención y acumulación de beneficios económicos o materiales" (De la Corte Ibáñez, 2013, p. 152). Por su parte, en lo que respecta a los objetivos de ambos, éstos son muy distintos buscando el terrorismo "reemplazar al Estado e instalar un califato" mientras que el crimen organizado por su parte trata de "no desplazar al Estado sino obtener el mayor beneficio económico posible, para lo cual en muchas ocasiones permean y corrompen las propias instituciones públicas" (Sánchez Herráez, 2022, p. 90).

Sin embargo, el terrorismo y el crimen organizado se constituyen como dos de las amenazas más importantes del siglo XXI. La línea divisoria entre ambos es cada vez más borrosa necesitando el terrorismo al crimen organizado para su financiación, a la vez que los procedimientos de logística, captación de personas, así como otros muchos aspectos parecen converger cada vez más (Antúnez Olivas, 2024). En consecuencia, si durante años, se pensaba que el yihadismo evitaba caer en actividades ilícitas y llevaba a cabo pequeños delitos para autofinanciarse, actualmente con la globalización y la mayor interdependencia, el crimen organizado ha favorecido al terrorismo, permitiéndole elaborar una nueva dimensión estratégica con la que influir en las dinamicas globales (Cuneo, 2019).

De manera más concreta, esta unión entre fenómenos se puede situar tanto antes como con el fin de la Guerra Fría, cuando el surgimiento de leyes antiterroristas hizo que los Estados dejaran de patrocinar y financiar a estos grupos, obligándoles a buscar otras fuentes de financiación alternativas. Adicionalmente, el surgimiento del nuevo sistema internacional basado en el fenómeno de la globalización ha posibilitado la implicación de estos grupos terroristas en los negocios ilegales de una nueva criminalidad organizada transnacional (De la Corte Ibáñez, 2013). Es por todo esto, que la vinculación entre el terrorismo y la criminalidad organizada ha ido generando mayor interés en los últimos años al suponer una amenaza más significativa para la seguridad tanto internacional como nacional (De la Corte Ibáñez, 2013).

Para comprender la convergencia entre terrorismo y crimen organizado en el Sahel, es fundamental examinar los factores que la favorecen. Esta región caracterizada por una multiplicidad de problemas como pueden ser los conflictos étnicos o tribales, el terrorismo islámico o los tráficos ilícitos internacionales, la han convertido en un caldo de cultivo para la proliferación de numerosos grupos insurgentes (Cuneo, 2019). Asimismo, la inestabilidad política y socioeconómica unida a la debilidad estatal y el contexto desestabilizador facilita el auge y desarrollo tanto del terrorismo como del crimen organizado (Campillo, 2023). El terrorismo presente en el Sahel se constituye como uno dinámico capaz de crear alianzas variables con diferentes actores, incluida la criminalidad organizada transnacional para sus propios intereses y conveniencia. De hecho, la fragmentación y diversificación de estos grupos terroristas afiliados tanto a Al Qaeda como al Daesh hace que los objetivos sean muy variables y, por ende, necesiten llevar a cabo interacciones con la criminalidad organizada, para poder adaptarse a cada contexto y alcanzar así sus metas políticas y económicas (Cuneo, 2019). Un claro ejemplo de esta interacción es el uso de las redes de criminales por parte de JNIM, Ansarul Islam y el ISGS para consolidar su dominio en Burkina Faso y avanzar así en sus objetivos estratégicos (Sánchez Herráez, 2022).

Si bien en algunas regiones las condiciones no favorecen esta convergencia entre fenómenos, en el Sahel se dan múltiples factores que la facilitan. Como venimos diciendo, esta vasta zona geográfica abarca naciones o regiones multinacionales donde la similitud entre estos dos fenómenos ha llegado a su máximo. Los principales rasgos que propician esta convergencia incluyen la existencia de fronteras porosas, fragilidad estatal, multiplicidad de etnias y tribus, corrupción, conflictividad armada, falta de legitimidad institucional y contextos económicos graves. Además, los problemas como la inseguridad alimentaria, la mala gobernanza y la falta de suministros básicos no sólo generan condiciones favorables para el reclutamiento terrorista, sino que también impulsan el surgimiento de mercados ilegales controlados por redes criminales. Por otra parte, la presencia de corrupción, la debilidad del control fronterizo y la interconexión entre grupos étnicos o tribales contribuyen aún más al desarrollo de estos mercados ilegales. Uno de los factores más determinantes en esta convergencia es el vacío de poder estatal y el incumplimiento de sus funciones básicas, mencionado en apartados anteriores, puesto que permite la consolidación tanto del terrorismo como del crimen organizado, así como su expansión con absoluta impunidad (De la Corte Ibañez, 2013).

Como resultado, terrorismo y crimen organizado representan la mayor amenaza híbrida del Sahel. A pesar de sus diferencias en cuanto a objetivos, comparten la habilidad de usar los espacios vacíos de la región para crear nuevas formas de soberanía. Por tanto, la convergencia resultante entre ambos puede ser de tres tipos. En primer lugar, estaría la confluencia, es decir, cuando los grupos terroristas se involucran en las actividades del crimen organizado por motivos logísticos o de financiación, de los cuales hablaremos a continuación. En segundo lugar, estaría la cooperación entre fenómenos mediante la cual una organización criminal opta por apoyar a un grupo terrorista por motivos religiosos o ideológicos o, cuando los grupos terroristas necesitan de una serie de recursos y capacidades que sólo tienen los criminales, por lo que se ven obligados a recurrir a estos últimos. Por último, estaría la idea de la hibridación, es decir, cuando se crea una estructura híbrida que oscila entre los dos fenómenos o cuando un grupo terrorista pasa a convertirse en una organización criminal (De la Corte Ibañez, 2013). Con respecto a esto último, cuando grupos terroristas se implican de manera sistemática en estas actividades ilícitas como el tráfico de drogas, armas o personas, surge este riesgo de hibridación, es decir, que un grupo terrorista asuma características propias del crimen organizado y al contrario, como puede ser la motivación económica, o cambien su estructuras internas como ya hicieron tanto Al Qaeda como el Daesh que, si en un principio tenían una estructura interna piramidal, actualmente tienen una estructura en red similares a los empleados por las organizaciones criminales transnacionales (Cuneo, 2019).

Ahora bien, la convergencia por financiación se posiciona como la más relevante pues, aunque el terrorismo puede tener varias fuentes de financiación de Estados o de organizaciones aparentemente legales como ONGs o empresas, una parte significativa de sus ingresos proviene de actividades ilícitas típicas del crimen organizado. Este vínculo, fundamentalmente financiero, refuerza más aún la relación entre ambas a la vez que consolida su convergencia en la región del Sahel (Antúnez Olivas, 2024). A continuación, se presenta un mapa que ilustra los principales tráficos ilícitos en el Sahel, permitiendo visualizar su distribución geográfica y, por tanto, su interconexión con estos grupos terroristas.

Mapa 5. Tipos de tráfico detectados en las zonas de poli criminalidad.

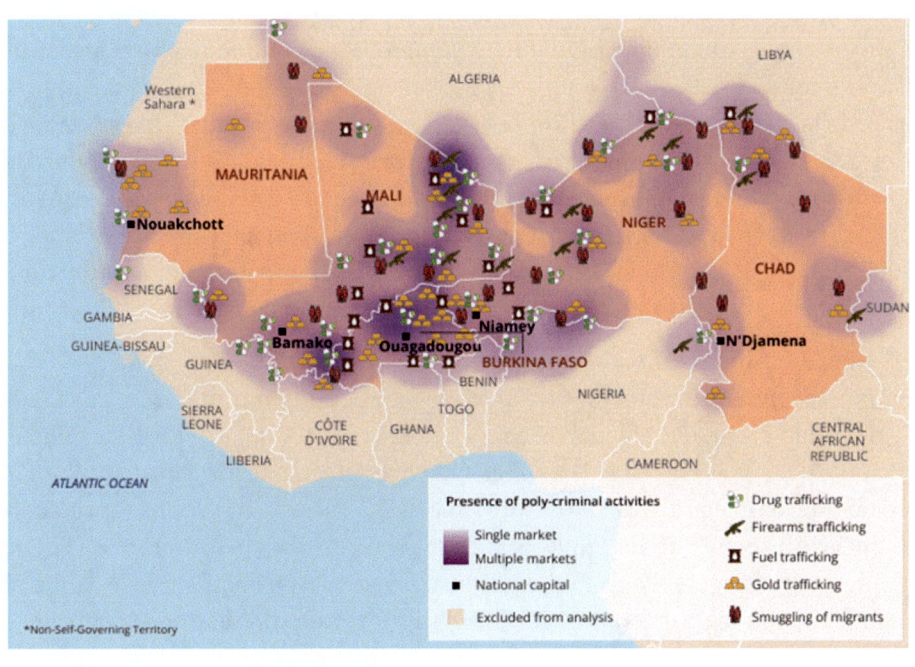

Fuente: United Nations Office on Drugs and Crimes, 2024.

Entre las principales actividades ilícitas que favorecen esta conexión entre redes criminales y grupos terroristas en el Sahel, encontramos las siguientes:

Para empezar encontramos el narcotráfico, principalmente con el tráfico de las sustancias de hachís o marihuana y la cocaína (Fuente Cobo, 2014). Con respecto al mercado del hachís, si bien de manera tradicional su producción se encontraba en el norte de África, en Marruecos y desde allí, casi el 80% de esta sustancia entraba en Europa por el Estrecho de Gibraltar, ahora existen otras rutas que atraviesan la región del Sahel para poder llegar a Europa del Este desde Libia y Egipto. Por su parte, la cocaína lleva transitando rutas del África Occidental y del Sahel desde comienzos de siglo (Fuente Cobo, 2014). En este sentido, estas dos regiones constituyen las rutas preferidas por las organizaciones criminales en Latinoamérica y Asia para entregar drogas a Europa (FATF et.al., 2016). Por tanto, todas los cargamentos que usan la vía terrestre lo hacen pasando por el Sahel donde estos grupos terroristas cobran una tasa de tránsito a cambio de su protección otorgando una fuente de ingresos estable para estos grupos (Fuente Cobo, 2014). De esta manera, el dinero proveniente de las drogas supone la principal fuente de financiación de estos grupos terroristas (Antúnez Olivas, 2024). En este sentido, en el Sahel este negocio hace que las redes criminales deban ponerse en contacto con los grupos terroristas que controlan estas rutas de tránsito a cambio de que éstos actúen como protectores y facilitadores de la mercancía, consiguiendo así los recursos necesarios para desarrollar sus actividades y objetivos políticos (Campillo, 2023).

Después del tráfico de personas, el mercado de armas, sobre todo de las ligeras, es uno de los mayores mercados ilícitos de todo África. A través de ellas, los grupos terroristas obtienen los medios necesarios para llevar a cabo sus ataques, así como les posibilita el control territorial de una zona. También les permite actuar como intermediarios en este mercado, favoreciendo los intercambios entre compradores y vendedores o facilitando las rutas de contrabando y tráfico a cambio del establecimiento de una serie de impuestos. Por su parte, las redes criminales encuentran en esto una gran fuente de financiación para ellos mismos. Como consecuencia de este mercado y de la proliferación de armas se produce un aumento de la violencia y de los conflictos armados en el Sahel dada la dependencia de estos grupos en estos instrumentos (Aguilera, 2023). En los casos en los que las redes de tráfico de armas se encuentran en suelo europeo, éstas tienden, a menudo, a ponerse en contacto con grupos violentos que se encuentran fuera de la UE, pudiéndose comunicar así con organizaciones terroristas del Sahel (Antúnez Olivas, 2024). En relación a este mercado, Libia es uno de los lugares más importantes en suministro armamentístico con grupos como AQMI que fueron interceptados en Níger en posesión de armas y municiones desde Libia con valores de medio millón de euros. De esta manera, de los aproximadamente 600 millones de armas en circulación, alrededor de siete millones pasan por el Sahel facilitando el intercambio entre traficantes y terroristas (Núñez Cifuentes, 2020).

Por su parte, los secuestros y las extorsiones suponen otra de las principales fuentes de ingresos de los grupos terroristas a través de los cuales obtienen cantidades de dinero de los familiares o empresas a los que pertenece la persona en cuestión o mediante chantajes a los Estados (Antúnez Olivas, 2024). En este caso, España destaca como el segundo país de la UE que más ha sufrido de este tipo de actividad por parte de grupos como Al Qaeda e ISIS (Antúnez Olivas, 2024). No obstante, mientras la primera supone una de las modalidades de financiación más tradicionales del terrorismo en términos generales la segunda supone un viejo método de los criminales (De la Corte Ibáñez, 2013). Con respecto a los secuestros, entre 2008 y 2013 AQMI fue capaz de recaudar unos 100 millones de euros y existen pruebas de que tanto este grupo como Boko Haram extorsionan a funcionarios y civiles para conseguir ingresos a través de lo que se denominan donaciones "personales" (Núñez Cifuentes, 2020).

A continuación, tenemos los tráficos humanos. En relación con este factor, es fundamental reconocer que, si bien el tráfico o contrabando de migrantes y el tráfico de personas son fenómenos distintos, en la región del Sahel están estrechamente relacionados y pueden solaparse en muchos casos (UNODC, 2024). Asimismo, es considerada como la tercera actividad ilícita más relevante la financiación irregular del terrorismo (Antúnez Olivas, 2024). Como ocurre con el tráfico de drogas, el control de estos flujos ilegales permite a los grupos terroristas obtener ingresos a través del cobro de tasas de tránsito a redes criminales en los territorios bajo su dominio (Fuente Cobo, 2014). Las rutas de contrabando y tráfico de personas, tanto en dirección este a oeste como desde África Subsahariana hacia el Norte de África están en gran medida controladas por grupos terroristas, lo que les permite obtener beneficios económicos derivados del tráfico de seres humanos. Los grupos armados, incluidos los terroristas, se benefician de los tráficos ilegales de inmigrantes mediante el cobro de tasas de seguridad e impuestos irregulares. En algunos casos, también participan activamente como transportistas u organizadores negociando con las autoridades estatales o proporcionando refugio a los migrantes en tránsito. Si bien el tráfico de migrantes y el tráfico de personas no son lo mismo, en el Sahel se superponen con frecuencia, ya que los migrantes pueden acabar en situaciones de trata y explotación. Esta dinámica convierte estos tráficos humanos en una herramienta tanto de financiación como de terrorismo en sí. Más allá del beneficio económico, estos grupos utilizan el tráfico de personas para fines estratégicos como el reclutamiento, la intimidación a las poblaciones, la destrucción de comunidades y, por último, la institucionalización la violencia sexual y la esclavitud, siendo Boko Haram un claro ejemplo de esta práctica (United Nations Security Council Counter-Terrorism Committee Executive Directorate, 2019).

Adicionalmente, la falsificación de documentos constituye uno de los principales métodos de logística de los grupos terroristas por lo que no es de extrañar que involucren a actores de la criminalidad organizada para su consecución (De la Corte Ibáñez, 2013).

Por último, existen otros tráficos ilícitos como pueden ser el del oro, el de diamantes e incluso el del tabaco en el que destacamos al grupo AQMI al constituir una de sus principales fuentes de financiación (De la Corte Ibáñez, 2013).

Capítulo 2. Mecanismos de infiltración yihadista en las redes de tráfico humano

2.1. *Modus operandi* del yihadismo en las rutas migratorias

Para empezar este capítulo, tenemos que tener en cuenta que el Sahel es una región que de manera histórica ha albergado rutas tanto comerciales como migratorias. Estas últimas rutas que cruzan el Sahel, también conocidas como transaharianas, tienen su origen en las redes comerciales transnacionales derivadas, fundamentalmente, de los lazos de parentesco y étnicos. Con el colonialismo europeo, estas rutas se consolidaron en la región del Magreb debido a la demanda francesa de mano de obra y, ya desde finales de la década de los 80 y en la actualidad, se ha producido una mayor consolidación de la migración africana hacia los países del sur de Europa y sus economías informales, lo que a su vez ha conllevado un mayor número de entradas irregulares (Mora Tebas, 2023).

El Sahel es una de las áreas con mayor número de desplazamientos tanto internos como externos, principalmente como consecuencia de los factores y características regionales mencionadas a lo largo del trabajo. Además, presenta una gran variedad de perfiles migratorios, como pueden ser hombres, mujeres, menores no acompañados, trabajadores indocumentados e incluso miembros de redes mafiosas. Por eso, el Sahel, es considerado como el epicentro de las migraciones en África Occidental y un corredor vital para los flujos de población hacia el norte de África y Europa (Iglesias et.al., 2024).

Ahora bien, es importante considerar que estas migraciones sahelianas pueden presentarse de distintas maneras. En primer lugar, están las migraciones intrarregionales, muy relevantes en África Central y Occidental, protagonizadas en su mayor parte por trabajadores migrantes que se mueven entre distintos países de estas zonas, facilitadas por la libertad de circulación entre los Estados Miembros de la CEDEAO. En segundo lugar, se encuentran las migraciones o desplazamientos derivados del auge del extremismo violento también en África Occidental y Central. También existen los movimientos por trashumancia caracterizados por regularidad y estacionalidad, principalmente en África Occidental y el Sahel, a los que se le suman los movimientos por motivos socioeconómicos, la trata de personas y el éxodo rural (Mora Tebas, 2023).

Con todo, encontramos los conocidos como corredores migratorios que están vinculados a la geografía, los lazos históricos y/o la disparidad geoeconómica (Mora Tebas, 2023). Estos corredores representan una acumulación de movimientos de migración a lo largo del tiempo y proporcionan información muy valiosa sobre la evolución de los patrones de desplazamiento (OIM, 2024). En este sentido, el Sahel supone un corredor que ha reemplazado a las antiguas rutas caravaneras que atravesaban ciudades como Tombuctú, de camino hacia el continente europeo por otros corredores o rutas más modernas que unen distintas partes de África y, por ende, con Europa. (Mora Tebas, 2023).

Dentro de estos corredores, se pueden distinguir dos principales. Por un lado, los corredores hacia el norte, los cuales han experimentado un aumento de los flujos migratorios hacia el Magreb y Europa por países como Burkina Faso y la ruta hacia las Islas Canarias, cuyo protagonismo ha crecido en los últimos años. Por otro lado, los corredores sur-sur que posibilitan los flujos migratorios de países del Sahel hacia los países costeros del Golfo de Guinea principalmente por las oportunidades económicas que estos Estados pueden ofrecer al gozar de un mejor estatus económico y de seguridad (Iglesias et.al., 2024). De esta manera, el Sahel se presenta como una vía de paso inevitable para prácticamente todos los movimientos o desplazamientos humanos con destinos distintos (Mora Tebas, 2023).

En el marco de este trabajo, la migración hacia Europa tiene especial relevancia. Si bien, de manera general, esta migración con destino a Europa no solía ser la opción más atractiva para los sahelianos, con excepción de los malienses, debido a factores como la falta de recursos económicos para pagar los precios de los contrabandistas, la migración histórica hacia países del norte de África (Lobez, 2023) y los largos trayectos de incluso años, (Mora Tebas, 2023) actualmente, se está produciendo un aumento de la migración irregular hacia la UE (Echeverría Jesús, 2019). De hecho, el Sahel es cada vez más transitado por países costeros tanto de África Occidental como

Central con presencia de senegaleses, nigerianos, cameruneses, etc., que buscan llegar a Europa por vía marítima. Igualmente, este fenómeno se intensificó a partir del año 2021 cuando el deterioro de las condiciones de vida por la crisis sanitaria y el levantamiento de las restricciones de viaje provocaron una rápida reanudación e intensificación del tráfico de migrantes a Europa (Lobez, 2023).

El despliegue por parte de la UE de distintas operaciones como pueden ser la Operación Themis que cubre el Mediterráneo Central, la Operación Poseidón que cubre el Mediterráneo Oriental y la Operación Índalo que abarca el Mediterráneo Occidental con el fin de combatir el tráfico ilícito de migrantes y rescatar a los que estuvieran en situación de peligro, ha derivado en que, tanto los flujos migratorios como estos tráficos ilícitos, se hayan visto desplazados hacia la Ruta Atlántica (Antúnez Olivas, 2024). Adicionalmente, el establecimiento del SIVE y de la FRONTEX de manera conjunta en Ceuta y Melilla, así como el mayor control por parte de Marruecos de la vía del Estrecho y el Mar de Alborán, ha obligado a estas personas a dirigirse hacia el Atlántico lo que ha generado un aumento de llegadas por patera a Europa a través de esta ruta (Antúnez Olivas, 2024).

Por tanto, factores como el cierre de fronteras, las restricciones y el endurecimiento de la política migratoria en Europa, ha empujado a los migrantes a buscar rutas alternativas a las tradicionales (Mora Tebas, 2023). Dentro de estas nuevas rutas, Mauritania y Mali se han consolidado como puntos clave de tránsito hacia las Canarias. No obstante, el refuerzo de los controles tanto mauritanos como españoles en la zona costera de Nouadhibou ha desplazado los puntos de salida de los embarques, que ahora parten en mayor volúmen desde el Sáhara Occidental (Lobez, 2023). De esta forma, los países costeros de África Occidental, en particular Mauritania (Antúnez Olivas, 2024), Marruecos y el Sáhara Occidental (OIM, 2024) se han convertido en los principales lugares de salida y origen de las migraciones irregulares hacia España, consolidando esta ruta como la principal puerta de acceso a la UE (Antúnez Olivas, 2024).

Estas rutas alternativas, al ser irregulares, se encuentran altamente explotadas y controladas por redes criminales que se aprovechan de los movimientos poblacionales mediante el tráfico ilícito de migrantes y la trata de personas. Esto se debe, principalmente, a que es extremadamente difícil cruzar África y llegar a Europa sin acudir a estas redes de traficantes (Antúnez Olivas, 2024). En algunos casos, además, estas organizaciones criminales, han llegado a extender sus redes a distintas ONGs, que otorgan seguridad a los migrantes de que van a ser salvados en las trayectorias marítimas, contribuyendo así a la actividad criminal y llenando el vacío de las instituciones europeas en el espacio marítimo (Antúnez Olivas, 2024). De esta manera, no es de extrañar que la trata y el tráfico de personas se sitúen tanto como el primer y el segundo mercado criminal más extendido y practicado en el continente africano según datos del Índice Global de Crimen Organizado (Global Initiative Against Transnational Organized Crime, 2023).

Para una mayor comprensión del asunto, a continuación, en el mapa se reflejan las distintas rutas migratorias, tanto terrestres como marítimas, que recorren África y el Sahel, A partir de él, podemos observar hasta qué punto estas rutas se encuentran dominadas y controladas por los traficantes de migrantes, haciendo imposible su no implicación en los trayectos de estas personas que buscan desplazarse tanto a Europa como a otras zonas internas.

Mapa 6. Cartografía de las rutas migratorias de los traficantes de inmigrantes.

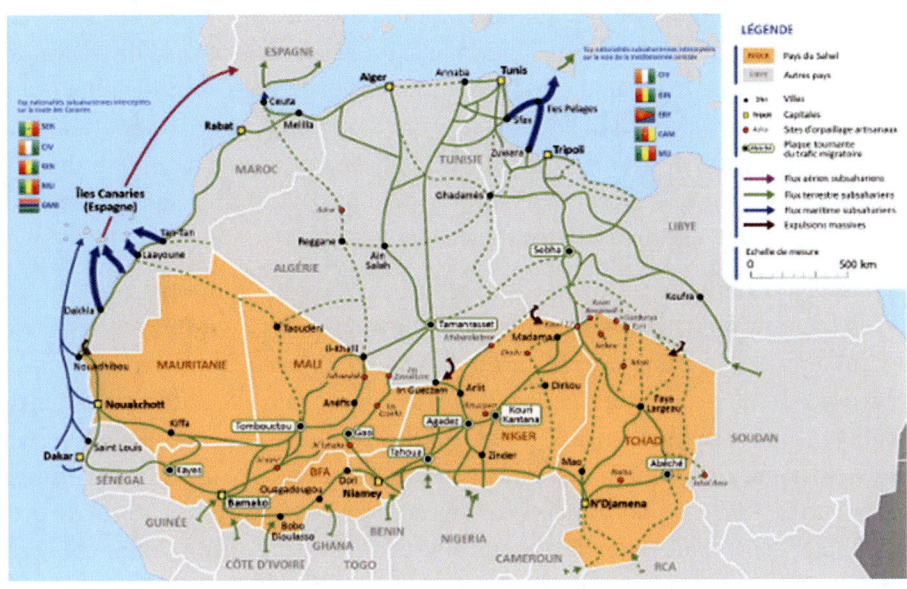

Fuente: Instituto de Relaciones Internacionales y Estratégicas (IRIS), 2023.

Concluyentemente, todo lo anterior ha derivado en que la Ruta Canaria, vía abierta y consolidada para las mafias de traficantes, se haya convertido en la principal red de acceso a Europa (Antúnez Olivas, 2024), ya que como ya hemos explicado, el endurecimiento del control de las distintas rutas del Mediterráneo, en especial desde Libia hacia Italia, ha obligado a los traficantes de personas a redirigir sus actividades hacia el Atlántico convirtiendo al archipiélago canario en su objetivo prioritario. En consecuencia, una de las mayores repercusiones de este fenómeno es que las organizaciones yihadistas del Sahel han comenzado a dominar estas rutas de tráfico humano hacia Canarias, convirtiendo a las islas en una de sus principales fuentes de financiación (La Gaceta, 2024).

Una vez está explicado el *modus operandi* de las organizaciones de tráfico de migrantes en la Ruta Canaria, es fundamental comprender el papel que desempeña el terrorismo del Sahel en todo esto. Como ya hemos mencionado con anterioridad, estas rutas transaharianas, sobre todo, aquellas que se encuentran en las fronteras de Mali, Níger, Chad o Sudán presentan una serie de rutas de tráfico y contrabando de personas muy asentadas, que fluyen bien de este a oeste desde la zona oriental hasta África Occidental, o bien de sur a norte, desde África Subsahariana hacia el norte de África. Por tanto, estas rutas se encuentran en las áreas de actividad de los distintos grupos afiliados a Al Qaeda o al EI, que ya explicamos en apartados anteriores, así como grupos rebeldes o milicias étnicas, que persiguen una serie de intereses en conformidad con el crimen organizado, del cual se benefician (Aguilera, 2024). Los migrantes que cruzan estas rutas se ven enfrentados a grupos criminales que les facilitan el paso o tránsito a cambio de un pago más adelante lo que, en muchas ocasiones, se convierte en una deuda muy difícil de pagar obligando a estas personas, en consecuencia, a llevar a cabo trabajos forzosos, esclavitud sexual o servidumbre, entre otras actividades. En este sentido, podemos distinguir la participación de estos grupos terroristas en este negocio ilícito bien por motivos financieros o bien para la consecución de objetivos estratégicos y operacionales (Aguilera, 2024).

El tráfico de migrantes, en primer lugar, no es considerado muy distinto al resto de tráficos como el de la droga por parte de los grupos terroristas del Sahel, sino que representa una alternativa de mercado altamente rentable, que sirve para financiar a estos grupos. A través de ello, los yihadistas han logrado controlar pasos fronterizos en las rutas migratorias hacia Europa mediante los cuales pueden ganar dinero (Antúnez Olivas, 2024). De hecho, según Europol, África es la principal zona donde los terroristas obtienen beneficios del tráfico de migrantes (UNODC, 2024) tal y como apuntan diversas investigaciones que indican cómo esta participación de grupos yihadistas en estas actividades ilegales les proporcionan ganancias de millones de euros (Aguilera, 2024).

El uso de las rutas migratorias por parte de los terroristas del Sahel no es un hecho reciente sino que ya tiene una larga trayectoria. Desde los inicios del terrorismo en el Sahel ha existido una relación de entendimiento mutuo entre yihadistas y traficantes, proporcionando los primeros refugio a los segundos a cambio de alimentos (Lounnas, 2018). Es más, la colaboración y combinación de roles, información, rutas y beneficios entre ambos en el Sahel se debe fundamentalmente a la preferencia de los terroristas a negociar y colaborar con grupos criminales de su dialecto, historia y culturas similares y el reclutamiento por parte de los traficantes de personas dentro de sus espacios étnicos y culturales (Aguilera, 2024). Un ejemplo claro de esto sería el caso de AQMI que, a comienzos de este siglo, convirtió a Mali no sólo en un lugar ideal para esconder a los rehenes secuestrados, que además constituye otro método de financiación de estos grupos armados, sino que también empezó a ser un punto fundamental para el tráfico de mercancía humana con destino a Europa. Para ello, las caravanas de migrantes eran organizadas por las katibas de AQMI, de tal manera que era prácticamente imposible distinguir quienes eran traficantes normales o yihadistas desarrollando actividades delictivas (Antúnez Olivas, 2024).

Los grupos terroristas afiliados tanto a Al Qaeda como al Daesh tienden a imponer un tributo sobre las rutas de tránsito de todo tipo de bienes y mercancías, incluida la humana a través de los flujos migratorios. De hecho, a día de hoy, existe información sobre la colaboración tanto directa como indirecta entre los grupos AQMI y MUYAO que, o bien trafican con pequeños grupos de desplazados, o bien protegen y facilitan el avance de migrantes en sus distintas rutas a cambio de compensaciones (FATF et al., 2016). No obstante, aunque en ocasiones no consiguen monopolizar este negocio migratorio debido a su control por parte de las organizaciones criminales, sí que logran sacar provecho económico de éste mediante el control de las rutas de tránsito y la oferta de protección durante el trayecto (Aguilera, 2024). Es más, estas rutas, al encontrarse en territorios absolutamente controlados por grupos terroristas, les posibilita, además de la obtención de beneficios a través de la facilitación de rutas de paso (Aguilera, 2024) a cambio del cobro de tasas o impuestos ilícitos, la organización del transporte, así como la proporción de refugio y el negocio con los funcionarios del Estado (United Nations Security Council Counter-Terrorism Committee Executive Directorate, 2019). En Mali, por ejemplo, estos grupos armados forman parte de estos tráficos ilícitos tanto en la proporción de protección como en la imposición de un derecho de paso a los convoyes de tráfico de personas migratorias. Por tanto, es innegable que varias organizaciones terroristas se encuentran entrelazadas o mezcladas con actores del tráfico de migrantes (UNODC, 2024).

Sin embargo, tenemos que ser conscientes de que esta implicación de los grupos terroristas en el contrabando de este tipo de personas puede derivar y deriva, en muchas ocasiones, en otros negocios ilegales, más característicos de la trata de seres humanos. Uno de estos derivados puede ser los secuestros, mecanismo muy utilizado por estos grupos yihadistas como otro método de financiación y en el que destacamos la actividad de Boko Haram y el ISWAP, que se enfrentan mutuamente en la cuenca del lago Chad (Aguilera, 2024), y que secuestran a personas desplazadas para que las familias paguen el rescate (Puig, 2019). Por otra parte, podemos encontrar la venta de órganos, mercado que proporciona también grandes ingresos económicos al constituir una práctica muy lucrativa (Aguilera, 2024).

En cuanto a los motivos estratégicos y operacionales, estos son muy variados. En primer lugar, tendríamos el empleo de estos tráficos como táctica de explotación humana para desestabilizar y atemorizar comunidades, por ende, permitiéndoles sembrar el terror y conseguir sus objetivos. Dentro de ésta, la violación, los matrimonios forzados, etc., forman parte del *modus operandi* de los terroristas, haciendo a los migrantes y desplazados un colectivo muy vulnerable a este tipo de actuaciones (Aguilera, 2024). Por otra parte, está el objetivo de reclutamiento que hace que estos flujos migratorios representen una fuente inagotable de posibles reclutas. Es más, muchos de los migrantes que esperan en el Sahel a ser transportados por estas redes criminales son utilizados, ocasionalmente, por las organizaciones yihadistas para realizar pequeñas tareas esporádicas lo que, inevitablemente, en algunos casos, termina en la incorporación de estos migrantes a la organización (Lounnas, 2018). No obstante, dicha incoproración también puede ser de carácter no voluntario, es decir, en la forma de esclavitud, incluida la sexual, para mantener cierta disciplina entre los miembros de una organización, así como sirve como incentivo para el mismo (Aguilera, 2024). Asimismo, de manera ocasional, estas personas esclavizadas pueden ser igualmente utilizadas como castigo hacia grupos rivales, especialmente en la región de la triple frontera de Burkina Faso, Níger y Mali donde operan JNIM y El-Sahel. A este respecto, la utilización de personas como medio para reclutar, permite a grupos terroristas y criminales estrechar sus lazos beneficiándose el primero de posibles reclutas dentro de un grupo a cambio de otorgar protección en el trayecto al segundo (Aguilera, 2024). Por último, es importante mencionar el uso de estos contrabandos de personas por parte de los terroristas como una forma de movilidad dado que estos traficantes saben cómo eludir los controles fronterizos y tienen multiplicidad de recursos para el desplazamiento lo que posibilita a terroristas acceder o infiltrarse en zonas con mayores controles de seguridad. Asimismo, en cuanto a la movilidad, no debemos olvidar que el ejercicio de la violencia por parte de estos grupos produce desplazamientos forzosos, lo que a su vez genera la proliferación de redes criminales de contrabando de migrantes y trata de personas, de manera que se origina un ciclo vicioso (Aguilera, 2024).

Así, independientemente de la verdadera motivación detrás, de manera reciente, expertos en combatir la migración irregular han observado un cambio en el perfil de gran parte de los inmigrantes que llegan desde el Sahel. Éstos destacan por su gran corpulencia, manejo de instrumentos contundentes o elaboración casual de instrumentos de ataque lo que sugiere que algunos han adquirido entrenamiento militar o guerrillero por bandas islamistas como JNIM. Esto se debe a que, este entrenamiento sólo se imparte a aquellos migrantes que sobreviven a la dureza del viaje y, por ende, son más fuertes y resilientes físicamente (Antúnez Olivas, 2024).

En definitiva, aunque de manera tradicional se ha atribuido a los grupos yihadistas del Sahel un papel de acompañamiento, a través de controles, cobro de peajes, protección de rutas y de beneficio indirecto, más que de liderazgo activo en este tipo de tráfico ilícito (Echeverría Jesús, 2019), es fundamental considerar que, su implicación es, en ocasiones, mayor de lo que se cree. Además, esta participación podría traer consigo tanto un mayor incremento de su protagonismo en estas redes como el riesgo real de retorno de excombatientes a través de las rutas migratorias irregulares (Townsend y Mili, 2010).

2.2. Colaboración entre redes de tráfico humano y grupos terroristas

Prácticamente todas las actividades delictivas que se han explicado a lo largo del trabajo, sobre todo, las de contrabando de migrantes y trata de personas reflejan una alta colaboración de grupos terroristas con organizaciones criminales. No obstante, antes de explicar en profundidad los distintos casos de colaboración entre ambos fenómenos, es imprescindible tener una visión de los distintos niveles o modalidades de cooperación que existen.

Para empezar y tal y como hemos visto, la implicación directa se produce cuando estos grupos yihadistas se implican en las actividades criminales o tráficos ilícitos anteriormente explicados, como puede ser el negocio de la droga, fundamentalmente derivado del dominio de estos grupos sobre territorios que sirven tanto de paso como de cultivo. Esto, finalmente, puede desembocar en una colaboración económica muy rentable entre los distintos actores que participan en dichos negocios (De la Corte Ibañez, 2013). A este respecto, los secuestros constituyen una de las principales actividades con intervención directa por parte de grupos terroristas como pueden ser Boko Haram o AQMI entre otros (Liang, 2016).

Por su parte, las alianzas estratégicas son una modalidad que se produce cuando determinados grupos terroristas no están dispuestos a comprometerse de manera completa en actividades de la criminalidad organizada. De esta forma, los terroristas pueden llevar a cabo alianzas o pactos de colaboración con determinadas redes criminales que les posibilita la obtención de beneficios económicos mediante la compra y venta de bienes a través de grupos criminales o estableciendo una tasa de tránsito al transporte que lleva mercancías por su territorio (Liang, 2016). En este sentido, el Sahel es una región donde más se han dado este tipo de colaboraciones con grupos yihadistas como MUYAO, nacido en el 2011 de una coalición de militantes separados de AQMI y delincuentes locales (De la Corte Ibañez, 2013).

Por otro lado, encontramos la subcontratación de actos delictivos. Esta categoría es muy utilizada cuando grupos terroristas buscan subcontratar los servicios de grupos criminales especializados en alguna materia o actividad delictiva tales como los secuestros con el fin de reducir esfuerzos y minimizar riesgos. En este caso, el grupo AQMI es conocido por haber pagado a algunas personas del crimen organizado para que actuasen como intermediarios en la liberación de rehenes (De la Corte Ibañez, 2013).

Ya por último, tendríamos la modalidad de las transacciones interesadas. Éstas permiten a los terroristas sacar provecho de algunas oportunidades concretas derivadas de o bien ofertas o bien cambios inesperados por parte de las organizaciones criminales. Un ejemplo de esto sería cuando determinadas redes criminales proceden al secuestro de rehenes que, a continuación, son vendidos y entregados a grupos yihadistas sin mediación previa entre ambos o, como cuando se ofertó la compra de armamentos a grupos terroristas del Sahel derivado de la Guerra Civil en Libia y que dio lugar al consiguiente saqueo de los depósitos de arsenales (De la Corte Ibañez, 2013).

Una vez explicado esto, procederemos a analizar algunos casos de colaboración entre los grupos terroristas del Sahel y las redes de tráfico humano que nos ayudan a entender cómo esta interacción e implicación de los primeros en las actividades propias de los segundos no es nada extraordinario ni fuera de lo común, sino más bien una técnica bastante empleada por motivos varios.

En línea con el Sahel, sobre todo con la parte occidental, existe un entramado de grupos terroristas que se benefician claramente de estas economías ilícitas no sólo por motivos ideológicos, sino también como una forma de dominar los corredores clave de la ruta transahariana. Grupos terroristas como JNIM o AQMI obtienen ganancias indirectas de estos tráficos ilegales mediante la oferta de vehículos, casas y protección para los contrabandistas a cambio de un pago por ello. Es más, en el caso de JNIM, los individuos de la criminalidad organizada también funcionan como instrumentos de transmisión de información y conocimientos, llegando incluso a tener lazos de parentesco o amistad entre ellos, posibilitando así a JNIM beneficiarse de la trata y contrabando de personas, mercado del que tiene buen conocimiento y gusta de involucrarse de manera frecuente. A este respecto, JNIM recauda muchos ingresos en la región de la triple frontera, en la que opera siendo Mali, que explicaremos a continuación, el lugar donde más podemos ver cómo los contrabandistas de migrantes en muchas ocasiones están afiliados a estos grupos yihadistas (Aguilera, 2024).

Para empezar y como resultado del endurecimiento del control de las rutas por carretera entre Níger y Libia, así como la necesidad de evitar determinados pasos, se ha producido una reactivación de rutas como las que unen Mali con otros países (Molenaar et.al., 2018). Rutas como estas, se encuentran altamente controladas por los grupos terroristas del Sahel y los traficantes suelen estar afiliados a dichos grupos. Estas relaciones son fundamentales para ambos en lugares como el norte de Mali donde muchos traficantes han expresado la imposibilidad de enviar a nadie a Kidal sin vínculos con estos grupos armados dado que estos se benefician de los tráficos de migrantes para su reclutamiento (UNODC, 2023). En este sentido, en Mali, existen claras evidencias de colaboraciones entre ambos fenómenos, principalmente derivado de las actuaciones de individuos como Mahamadou Ag Rhisa y Coulabily que ejemplifican la colaboración entre grupos armados y contrabandistas (UNODC, 2023).

En lo que respecta al primero, Mahamadaou Ag Rhisa, más conocido como Mohamed Talhandak, nacido en 1983 cuya nacionalidad y lugar de residencia actual se encuentra en Mali, es un hombre al que se le achacan muchos actos delictivos que suponen un abuso o violación de los derechos humanos y entre los que más destaca el contrabando de migrantes. Influyente hombre de negocios de la zona de Kidal (Mali), miembro del Alto Consejo para la Unidad del Azawad (HCUA) y representante de la Coordinación de los Movimientos del Azawad (CMA) durante los Acuerdos de Paz de 2015 en Bamako. Mohamed Talhandak es un gran traficante de migrantes gracias al control de la circulación migratoria que pasa por la ciudad fronteriza de Talhandak. Esto le permitió no sólo dominar este contrabando sino que además le posibilitó realizar prácticas abusivas contra los migrantes tales como trabajos forzados, encarcelamiento, castigos corporales y explotación sexual de mujeres a cambio del pago de su deuda (Council of the European Union, 2019). En relación a esto último, Talhandak es ampliamente conocido por la explotación sexual de mujeres a las que mantenía en cautividad hasta que pagaban su liberación (UNODC, 2023). Es, sin embargo, a partir del 2017 cuando los efectivos de la Operación Barkhane allanaron dos de sus propiedades en Kidal ante la sospecha de que colaboraba con grupos terroristas. Pese a su detención, que fue breve, Talhandak siguió participando en reuniones con terroristas, fundamentalmente en la región fronteriza de Mali y Argelia (Council of the European Union, 2019). De hecho, existen testimonios de migrantes a este respecto, como el caso de un inmigrante guineano en el 2016 que viajó de Gao a Argelia junto con otras 70 personas. Al llegar a la zona norte de Gao en un control de carretera fueron interceptados por unos pistoleros que les pidieron 5.000 francos por migrante y procedieron a autorizarles el paso. Cuando llegaron a Argelia los hombres de Talhandak vendieron a todos estos migrantes a traficantes subsaharianos asociados con grupos armados (Molenaar et.al., 2018). Con todo y cumpliendo con lo establecido en la resolución 2374 (2017) del Consejo de Seguridad las Naciones Unidas, actualmente Mohamed Talhandak lleva desde el 2018 en la lista de personas sancionadas por parte de la UE en lo que respecta a la situación en Mali ya que supone una obstrucción al propio Acuerdo de Paz (Council of the European Union, 2019).

Por su parte, Coulabily era un traficante de migrantes muy conocido en Gao y estaba afiliado al Grupo de Autodefensa Tuareg Imghad y Aliados (GATIA) aunque, más recientemente a Ganda Koy. Éste se encargaba de facilitar el contrabando de migrantes a través de una empresa de transporte suya que trasladaba a alrededor de 25 migrantes por semana en el año 2019. También suministraba documentos de viaje falsos y controlaba los distintos puestos de control ilegales de las rutas que salían de Gao. Asimismo, se le achaca su participación en el reclutamiento de migrantes tanto para GATIA como para el grupo terrorista JNIM con el fin de aumentar sus combatientes (UNODC, 2023). De hecho, las cifras de reclutas para estos grupos llegaban a los 30 migrantes por mes. Por otra parte, con la dirección de la milicia Ganda Koy se encarga de retener a las personas a cambio de rescates por ellos y soborna a los policías para que liberen a los migrantes detenidos que pretende explotar. No obstante, cabe destacar que este individuo presenta el problema de que se encuentra muy protegido tanto a nivel de contactos locales como por las fuerzas de seguridad y defensa derivadas del hecho de que tiene a dos hermanos como miembros de alto rango de las Fuerzas Armadas Malienses lo cual le permite anticiparse a sus posibles detenciones (Panel de Expertos sobre Mali, 2021).

Por otro lado, ya desde el 2024, Al Izza Ould Yahia, hombre unido a las filas de AQMI, es quien domina casi todas las rutas que transportan migrantes hacia los países norteños, con tarifas de entre 1.000 y 2.500 euros por persona, de los cuales unos 300 van a parar a las arcas de JNIM. Asimismo, también está el caso de Ahmadou Ag Asriou que junto a Mohammed Ben Ahmed Mehri operan con el contrabando en Níger y apoyan a la *katiba* de Al Morabitun, facción de JNIM en Gao y Níger (Aguilera, 2024).

Otro claro ejemplo de esto es el caso de Libia. Si bien no es la región objeto de estudio, sirve para entender también hasta qué punto el terrorismo puede controlar estas redes de tráfico de migrantes. Este país, al encontrarse a las puertas de Europa, se ha convertido en un lugar estratégico para las organizaciones criminales que se mezclan en una red muy compleja en la que se encuentran también los grupos terroristas. Toda la migración hacia Libia se hace a través de antiguas rutas caravaneras que actualmente se siguen usando pero, en esta ocasión para los tráficos y contrabandos ilícitos, desde países como Somalia o Eritrea en el flanco oriental y Senegal, Mali, Nigeria y Níger desde el flanco occidental (Aguilera, 2024). Además, la desintegración del Estado como resultado de las Primaveras Árabes y el derrocamiento de Gadafi ha favorecido la proliferación de economías ilícitas, así como de milicias y grupos que se benefician de ello. Dentro de esta economía, el contrabando de migrantes tiene especial relevancia, pues permite la participación directa de los terroristas. Los migrantes que optan por las rutas terrestres deben realizar viajes muy difíciles atravesando muchos países, por corredores migratorios muy propicios a la explotación humana a través de las extorsiones, secuestros, violaciones y, en muchos casos, el trabajo en minas de oro en lugares como Chad. De esta manera, el contrabando migratorio se ha consolidado como una fuente tanto de ingresos como de empleo para aquellas ciudades libias en pésimas condiciones económicas (Aguilera, 2024).

Adicionalmente, en Libia gran parte de las organizaciones criminales mantienen relaciones con grupos yihadistas. Por ejemplo, la organización criminal de Al Dabbashi perteneciente a Ahmad Al Fitouri tiene lazos con el EI, procediendo muchos de sus miembros de las filas de esta red y llegando el mismo Al Dabbashi a ser califa del ISIS en la ciudad de Sabratha en Libia. Así, se puede observar esta unión de beneficio mutuo que existe entre ambos al aumentar el terrorismo el número personas susceptibles a la explotación por parte de los traficantes. Por ende, el EI se ha caracterizado por colaborar con traficantes y contrabandistas en este país mediante métodos como el secuestro o tortura a migrantes a cambio de un rescate por parte de sus familiares y estableciendo las tarifas de los precios por transitar su territorio a los traficantes. Por último, es importante resaltar el uso de estos migrantes para el reclutamiento de combatientes para el ISIS dado el acceso inmediato que tenían a estos colectivos por el control de las rutas y la posible infiltración yihadista en estas redes con el caso de Alagie Touray, gambiano que llegó a Messina en 2018 y en la espera de su resolución de refugiado planeó algún que otro ataque en Europa y Ali Hussein Ali, terrorista del Daesh que funcionaba como nexo y actor clave en el contrabando de migrantes y trata de personas hasta su detención en 2017 (Aguilera, 2024).

Sin embargo, en los últimos años este país ha reflejado una mayor participación yihadista en estas actividades de contrabando de migrantes, que ya no se limitan a colaborar sino que se implican de manera directa. En la ruta del Mediterráneo Central, al ISIS se le atribuye el control de unos 260 kilómetros de costa mediterránea alrededor de Sirte (Schmid, 2016) de tal manera que se ha convertido en un actor indispensable en el tráfico de migrantes. De manera más concreta, el EI ejerce un absoluto dominio sobre estos tráficos revisando una a una todas las embarcaciones con destino Europa con el fin de asegurarse que no se produzca un exceso de personas en los medios de transporte. Además verifican de manera regular tanto las identidades de cada migrante como el cumplimiento de los precios del trayecto. Con esto además impiden a los traficantes cobrar precios superiores a los establecidos por ellos mismos y obligan a las redes criminales, a su vez, a pagar hasta la mitad de sus ingresos para poder navegar. Por último, es fundamental mencionar que el ISIS somete a estas personas a un curso de *sharía* la semana previa a la travesía garantizando así la difusión de su ideología en suelo europeo (Antúnez Olivas, 2024), por lo tanto, reflejando que este uso de la migración responde a una serie de fines estratégicos.

No obstante, el EI no es el único actor terrorista envuelto en estas dinámicas. En el caso de Al Qaeda en Libia tenemos a Abdelhakim Belhadj, comúnmente conocido como Abu Abdallah Assadaq, figura política del grupo político Al Watan, de Al Qaeda y los Hermanos Musulmanes y que se constituye como un actor clave en la industria de los tráficos humanos (Aguilera, 2024).

Por último, están los casos de Nigeria y Somalia. En ambos territorios, los grupos Boko Haram y Al Shabaab han demostrado que la explotación humana es uno de los pilares fundamentales de su actividad, a través de técnicas como los secuestros o la trata de personas en el primero y reclutamiento a través de las rutas migratorias para el segundo. Esto, como resultado ha favorecido un clima propicio para la aparición y aumento de las organizaciones criminales. Aún así, cabe destacar que aunque existen vínculos entre traficantes y miembros de Boko Haram a lo largo de las rutas de tránsito hasta Europa, este grupo no ha priorizado su participación en el contrabando de migrantes como otros grupos sí han hecho (Aguilera, 2024).

Para finalizar, respecto al caso de las rutas migratorias hacia el archipiélago canario, si bien es cierto que existen indicios sobre colaboraciones entre traficantes y terroristas, todavía no hay un registro de casos claros al respecto. No obstante, teniendo en cuenta que las rutas que llevan a los puntos de salida hacia las Canarias pasan inevitablemente por territorios controlados por el terrorismo yihadista como puede ser el norte de Mali y que se puede ver en mapas anteriores, así como el desplazamiento del mercado criminal a la Ruta Atlántica debido al mayor control del resto de rutas, no sería de extrañar que se estén sucediendo casos de colaboración directa entre ambos fenómenos. Esto mismo se vería potenciado por la afirmación de que la Ruta Canaria es actualmente la principal fuente de financiación del terrorismo yihadista en el Sahel (Antúnez Olivas, 2024).

2.3. Casos documentados de infiltración en el corredor Sahel-Canarias

Como hemos ido mencionando a lo largo del presente trabajo, en los últimos años, la ruta migratoria que conecta el Sahel con las Islas Canarias, es decir, la Ruta Atlántica, se ha convertido en una de las puertas de acceso o entrada al continente europeo. Aunque su uso ha estado, de manera tradicional, relacionado con los flujos migratorios irregulares que se originan por razones sociales, económicas, por conflictos, violencia, etc., diversos organismos, como veremos más tarde, han advertido sobre la creciente instrumentalización de esta ruta por parte de individuos terroristas de corte yihadista, lo que convierte a esta vía no sólo en un corredor migratorio sino también en una potencial y susceptible entrada de elementos yihadistas mayoritariamente procedentes del Sahel.

Consecuentemente, este apartado recoge ciertos casos documentados de infiltración yihadista por la Ruta Canaria, lo que sirve para poner de manifiesto la utilización de este corredor por parte tanto de migrantes irregulares como de actores radicalizados o implicados en actividades terroristas.

En primer lugar, tenemos la denominada "Operación Poligamia" que fue una acción contra el terrorismo en España, efectuada durante el mes de octubre del año 2020. La operación fue realizada por la Policía Nacional en colaboración con otras agencias internacionales, entre ellas la Inteligencia Interior Marroquí (DGST) y, estuvo dirigida contra una célula yihadista seguidora de la corriente Takfir, la misma ideología que ejecutó los atentados de Cataluña del 2017 (Caro, 2020).

Gracias a esta investigación se consiguió detectar una estructura yihadista con presencia en varios países (Policía Nacional, 2020). Por ello, la posterior intervención, permitió desmantelar dicha célula que se dedicaba a la captación y al adoctrinamiento de mujeres vulnerables con escasa o nula formación religiosa, lo que, por tanto, las hacía extremadamente manipulables (Policía Nacional, 2020). A estas mujeres se les concertaba o imponía matrimonios polígamos y virtuales con miembros de ese grupo, con el propósito de convertirlas madres de futuros muyahidines y así, contribuir a la expansión del yihadismo y lo que ellos consideran como la religión verdadera (Caro, 2020).

Como resultado del operativo, se detuvo a dos yihadistas marroquíes alineados con Al Qaeda, uno en Melilla y el otro en Mogán (Las Palmas de Gran Canaria). Adicionalmente, ambos ya habían cumplido condena en Marruecos por su pertenencia a otra célula previamente desarticulada en 2012. Uno de ellos fue localizado en Melilla tras haber cruzado desde su ciudad natal, Beni Enzar, en Marruecos, para renovar su permiso de residencia, evento que desencadenó esta acción policial. Por su parte, el segundo, tras haber cumplido la condena anterior, había entrado en patera en las Islas Canarias en 2018, donde residía de manera irregular (Caro, 2020).

Asimismo, cabe mencionar que durante los registros, se incautó material sospechoso de financiación del terrorismo (Caro, 2020).

Finalmente, la investigación fue coordinada por la Fiscalía de la Audiencia Nacional y supervisada por el Juzgado Central de Instrucción número 3, el cual decretó prisión provisional para ambos detenidos (Policía Nacional, 2020).

Otra operación relevante en materia de infiltración yihadista por la Ruta Atlántica, es aquella que se llevó a cabo en el mes de mayo del año 2018 en San Isidro, Tenerife. Allí, la Policía Nacional detuvo a tres individuos marroquíes por la captación, encubrimiento y facilitación de un viaje a Siria de un joven terrorista yihadista para que pudiera unirse y recibir entrenamiento del grupo Al Nusra (Ministerio del Interior, 2018), filial de Al Qaeda en el conflicto sirio. Cabe mencionar que esta investigación fue desarrollada por investigadores de la Comisaría General de Información de la Policía Nacional en colaboración con otros organismos de seguridad interior como la Brigada Provincial de Tenerife y Europol (Ministerio del Interior, 2018).

Los detenidos, de 25, 35 y 37 años respectivamente, ejercían cierto liderazgo en la comunidad islámica local, actuando como imanes, custodios y vocales de la mezquita del barrio (Ministerio del Interior, 2018). Aprovechando, por ende, esa posición de la que disfrutaban, introdujeron a este joven en la ideología salafista, adoctrinándolo de manera progresiva hasta convencerle de viajar a Siria para unirse en la lucha de Al Nusra. A través de esta radicalización, estos tres individuos consiguieron cambiar la forma de pensar del joven que llegó a desarrollar la conocida como *zabiba* o marca que se produce al apoyar la frente en la alfombra de oraciones (R.L.P., 2018).

Una vez conseguido este primer paso, los detenidos proporcionaron al joven apoyo tanto financiero como logístico para el viaje, así como apoyo económico y cobertura en su regreso (Herraiz, 2018). Dicho viaje, que se realizó en 2013 resultó en una vuelta clandestina en patera a Tenerife sin una mano y con una grave lesión en el tobillo. Para ocultar la conexión de este individuo con el terrorismo yihadista, los tres detenidos trataron de sacarle del archipiélago canario para introducirle en el flujo migratorio procedente de Siria y Libia hacia Centroeuropa, siendo finalmente detenido en Budapest (R.L.P., 2018)

Otra operación a tener en consideración es aquella que se llevó a cabo en noviembre de 2019 en Tenerife, donde la Guardia Civil detuvo a un individuo mauritano de 26 años por los delitos de enaltecimiento y adoctrinamiento terrorista. Esta operación además de ser coordinada tanto por el Juzgado Central de Instrucción número 3 como por la Fiscalía de Audiencia Nacional, contó con la colaboración de Europol (El País, 2019). El detenido no sólo consumía sino que además compartía de manera masiva propaganda yihadista, entre ellas la del Estado Islámico y buscaba material de alto detalle operativo, así como llamaba a los muslmanes a la lucha armada, cuadrando de esta manera en el perfil de un lobo solitario (EP, 2019).

Ahora bien, aunque no existe información oficial sobre el modo en que este individuo ingresó a territorio español, resulta altamente probable que lo hiciera a través de la Ruta Canaria, considerando su nacionalidad y lugar de establecimiento en España, así como el aumento de llegadas irregulares por mar ese mismo año, como parece reflejado en apartados anteriores.

En relación a estos casos, resulta especialmente relevante mencionar que uno de los riesgos derivados de la migración irregular es la proliferación de redes de crimen organizado, que no sólo facilitan documentación falsa a estos migrantes que llegan por la Ruta Canaria sino que además pueden estar estrechamente relacionados con el terrorismo, derivado de la mayor hibridación de fenómenos, como hemos ido comentando a lo largo del trabajo. De esta forma, esta realidad, que se encuentra en auge debido al aumento de estos flujos migratorios al archipiélago, compromete de manera grave los controles de seguridad como también los de identificación. Por ejemplo, en 2023, se desarticularon varias redes criminales como la Operación Sortie, que operaban desde estas islas, organizando los desplazamientos de estas personas llegadas en patera hacia la península con el fin último de facilitar su movilidad bien dentro de territorio español o bien hacia otros países de la UE (Ministerio de Interior, 2023). En consecuencia, estas actividades criminales dificultan los controles en frontera y seguimientos posteriores, incrementando de forma directa el riesgo y la posibilidad de infiltración de individuos terroristas en territorio nacional, más aún cuando existe una saturación de los sistemas.

A esta amenaza, se suma la operación antiterrorista más reciente, desarrollada en el mes de junio del 2024, que refuerza las preocupaciones del uso de esta ruta con fines terroristas. La operación, dirigida por el Juzgado de Instrucción número 3 de la Audiencia Nacional en colaboración con la Guardia Civil y Europol (RTVE, 2024), desarticuló una célula yihadista dedicada a la difusión de contenido propagandísitico, así como actividades del EI. El grupo, además, compartía este contenido en más de 30 idiomas a través de labores de traducción, con el objetivo de captar y adoctrinar a posibles reclutas. De esta manera, en el marco de dicha operación fueron detenidas nueve personas en Salt (Girona), Algeciras (Cádiz), Antas (Almería), y Los Realejos (Tenerife) (Europa Press, 2024). Aunque actualmente la operación se encuentra bajo secreto de sumario por lo que todavía se desconoce el número real de personas implicadas (RTVE, 2024), la dispersión geográfica de los detenidos, así como el hecho de que dos de ellos se encontraran en la isla canaria de Tenerife (Europa Press, 2024) refuerza las alarmas de los servicios de inteligencia sobre la posible instrumentalización de la ruta atlántica como puerta de entrada a posibles terroristas mezclados con estos flujos de migración irregulares. Esta situación se ve agravada aún más con el uso de documentación falsa, al obstaculizar el seguimiento y la elaboración de respuestas por parte de los servicios de inteligencia.

Por último, a pesar de que los casos confirmados de infiltración terrorista a través de la ruta migratoria hacia Canarias, no son, hasta la fecha, numerosos o, en muchos casos, la falta de información verídica de los mismos se debe a que las propias investigaciones se encuentran bajo secreto de sumario, lo cierto es que la Ruta Atlántica ha aumentado su complejidad y riesgos para la seguridad nacional en los últimos años.

Este aumento de los flujos migratorios hacia el archipiélago canario, tal y como comenta el Informe de Seguridad Nacional del 2024, es decir, el más reciente, viene a confirmar que la inestabilidad de la región del Sahel es la principal responsable de estas nuevas dinámicas. Es más, dicho informe comenta que "Probablemente, el que está cobrando mayor peso en los últimos tiempos es la situación del Sahel, que se refleja en la presión migratoria en las rutas con destino a España e Italia" (Departamento de Seguridad Nacional, 2025, p. 216). Además, se señala un cambio de perfil entre los migrantes pues si "tradicionalmente, el inmigrante que optaba por vía marítima era magrebí, mayoritariamente marroquí, actualmente es originario de países del Sahel" (Departamento de Seguridad Nacional, 2025, p. 216).

Como resultado, este contexto aumenta el riesgo de que actores terroristas intenten utilizar estas vías de acceso a Europa (Departamento de Seguridad Nacional, 2025). Esta realidad se ve reflejada en las distintas operaciones policiales que durante estos pasados años han detectado la presencia de redes extremistas en las islas que realizaban labores de captación y propaganda. A todo ello, se suma el progresivo aumento de organizaciones criminales que operan en esta ruta, lo que, en consecuencia, incrementa aún más el desafío que los distintos cuerpos de seguridad tanto nacionales como europeos deben hacer frente por elementos como la clandestinidad y las dificultades de detección de individuos. De esta manera, podemos afirmar que la ruta migratoria hacia las Canarias no sólo representa actualmente una amenaza creciente sino también una vía vulnerable al acceso de elementos terroristas del Sahel, como ya ha sucedido en otras ocasiones en otras rutas. Los ejemplos más destacados en este sentido son el de Abdelbaki Es Satty, imán de Ripoll y planificador de los atentados de Barcelona del 2017 (Parlamento Europeo, 2022) y Abdelhamid Abaaoud, coordinador de los atentados de París del 2015 (BBC Mundo, 2015), quienes burlaron los controles del Espacio Schengen en repetidas ocasiones y, que hace ver que este tipo de infiltraciones se puedan producir o incluso ya se estén produciendo.

2.4. Implicaciones para la seguridad de España y la UE

A día de hoy, la amenaza de terrorismo yihadista continúa constituyéndose como uno de los ámbitos prioritarios de seguridad tanto de la UE como de España. Es más, en lo que a la primera respecta, ya desde el siglo pasado esta área de seguridad contribuyó a impulsar la creación de la Agencia de la Europol mediante el Tratado de Maastricht cuyo antecesor era el Grupo TREVI (Parlamento Europeo, 2024). Con el fin de la Guerra Fría y los atentados del 11S, la aparición de "nuevas" amenazas y retos como podían ser el terrorismo y la delincuencia organizada, incluso dentro de las fronteras europeas, situaron a la UE en un contexto de inestabilidad global, por lo que se hacía necesario la adopción de medidas como la Estrategia Europea de Seguridad del 2003 con el fin de remediarlo. De hecho es a través de ella, cuando toda la UE, por primera vez, se ponía de acuerdo para realizar un análisis conjunto de las distintas amenazas que se cernían sobre si misma, entre las que encontramos el terrorismo yihadista, así como los objetivos que sirvieran para promover los intereses de seguridad de la UE (Consejo de la Unión Europea, 2003). Años más tarde, como consecuencia de los ataques terroristas del año 2015 y siguientes en suelo europeo, se hizo necesario reforzar esta lucha contra el terrorismo desde la responsabilidad común de todos los Estado Miembros, poniendo el foco en la mejora de la seguridad de los ciudadanos europeos, la prevención de la radicalización y defensa de los valores comunitarios y una mayor cooperación con los socios internacionales (Consejo de la Unión Europea, 2025).

Hoy por hoy, la actual Estrategia de Seguridad de la UE 2020-2025 constituye uno de los ejes fundamentales en la lucha contra el terrorismo yihadista. En ella se establece que, mientras el entorno mundial intensifica las amenazas, las más tradicionales continúan evolucionando, con el riesgo de ataques por parte de Al Qaeda, Daesh o alguna de sus filiales todavía muy alto. Por ello, dentro de este marco, la UE sigue manteniendo la amenaza terrorista como un peligro alto, asignando a los distintos Estados Miembros la responsabilidad de combatir y prevenir la radicalización, mientras enfatiza el desafío que supone la coordinación entre seguridad exterior e interior debido al reto que la entrada o retorno de terroristas extranjeros, así como de infiltraciones de similar magnitud, suponen para la UE (Comisión Europea, 2020). Adicionalmente, el Informe de Riesgos Estratégicos 2024 de FRONTEX enfatiza el terrorismo yihadista como uno de los mayores peligros a tener en consideración por parte de la Unión pues, si observamos la evolución del terrorismo yihadista en Europa en los últimos años, podemos comprobar como éste ha tendido al aumento, pasando de los 260 arrestos de terroristas en 2021, a 266 en 2022 y 334 en 2023, último año registrado que aporta Europol en su informe anual TE-SAT 2024. Por su parte, los ataques terroristas han aumentado de 11 en 2021 a 14 en 2023 (Europol, 2024).

En ese sentido, FRONTEX sitúa al Sahel como el epicentro actual y futuro de la violencia terrorista, principalmente como resultado del vacío y abandono de las operaciones internacionales, a la vez que expresa que la mayor amenaza se encuentra en que una mayor consolidación de estos grupos terroristas, les permitirá, de manera progresiva, cambiar sus objetivos a largo plazo y comenzar a proyectarlos más allá de sus límites regionales. Asimismo, enfatiza que, derivado de esta misma violencia, los desplazamientos poblacionales seguirán aumentando, especialmente en las rutas del Mediterráneo Central y África Occidental, posibilitando a estos grupos tanto su uso para su financiación y reclutamiento como para un posible acceso clandestino con el fin de llegar a Europa (FRONTEX, 2024). Igualmente, aparte de esta infiltración, no se debe perder de vista el riesgo derivado de entrada o retorno al continente europeo de combatientes extranjeros a través de rutas migratorias, mencionada con anterioridad, pues ya en 2023 se detectaron a varios combatientes extranjeros que habían entrado en territorio europeo a través de servicios de traficantes de migrantes (Europol, 2024).

En este contexto, la gestión de los flujos migratorios es clave. La UE, al constituir un gran receptor de migrantes, como sucedió con la Crisis de Refugiados del 2015-2016, momento en el que entraron un número de personas similar al movimiento poblacional que generó la Segunda Guerra Mundial (Rodríguez Camejo, 2021), corre el riesgo de experimentar intrusiones terroristas por medio de estos flujos tal y como ha advertido FRONTEX. Si bien es verdad que los flujos migratorios hacia Europa no deberían suponer un problema de seguridad, las migraciones masivas sí que lo son (Fuente Cobo, 2018). Además, la enorme brecha de seguridad y económica, el mayor desarrollo humano, libertades y cercanía geográfica entre Europa y África, convierten a la primera en un destino extremadamente atractivo para las migraciones africanas (Fuente Cobo, 2018). Es por eso, que las migraciones, que siempre se venían estudiando desde diversos puntos de vista, como el cultural y el socioeconómico, de manera reciente, se han empezado a vincular con el ámbito de la seguridad debido a estos distintos riesgos que puede traer consigo (Álvarez, 2018). De ahí que se hable cada vez más del nexo migración-seguridad, sobre todo en lo que a migración irregular se refiere, es decir, aquella que hace uso de vías no legales para llegar a determinados Estados (Álvarez, 2018).

Centrándonos en España, nuestro país y, especialmente el archipiélago Canario, constituyen el puente de acceso al continente, por ende, son la frontera más al sur de la Unión siendo su posición en materia de flujos de población de suma importancia (Fuente Cobo y Domínguez Donaire, 2018). Adicionalmente, es un país que en materia de seguridad cuenta con características propias. Por una parte, tiene la peculiaridad de encontrarse bajo dos ejes de seguridad complementarios, la OTAN y la UE y, por otra parte, cuenta también con la existencia de varios territorios fuera del espacio europeo, es decir, una discontinuidad territorial que representa un desafío para la protección tanto del país como de la entidad supranacional en la que se encuentran y que son, fundamentalmente, los territorios de Ceuta y Melilla y las Islas Canarias (Fuente Cobo, 2018). Como consecuencia del fin de la Guerra Fría y la aparición cada vez mayor de conflictos en la zona sur, como las Primaveras Árabes, España se está viendo obligada a enfrentarse a un mayor número de amenazas. Por otro lado, la globalización y el entorno global en constante evolución hacen que no sólo las amenazas como el terrorismo, principalmente de carácter yihadista acaben afectando sobremanera a la seguridad española y europea, sino que, además, lo incrementa en paralelo a otros fenómenos como las migraciones internacionales o el crimen organizado (Fuente Cobo, 2018). De esta manera, el terrorismo, en todas sus formas y mutaciones, al igual que en la UE, se posiciona como una de las mayores amenazas para España, fundamentalmente como resultado de su gran capacidad evolutiva y adaptativa. A ello se suma, además, la amenaza compartida con la UE de los Combatientes Terroristas Extranjeros (CTE), al suponer un gran riesgo para la seguridad interna y un elemento desestabilizador, pues al haber recibido entrenamiento militar en zonas de conflicto, se convierten en piedras angulares para los procesos de radicalización, así como potenciales ejecutores de atentados terroristas (Ministerio de la Presidencia, Justicia y Relaciones con las Cortes, 2024)

Por todo ello, y por la situación geográfica de España en el continente europeo, no es de extrañar que los intereses españoles de seguridad se encuentren en la zona sur, principalmente, en la región del Norte de África que hace frontera con el Sahel, foco de inseguridad permanente y frontera sur de Europa y España debido a la externalización de las mismas. Así, los intereses españoles superan con creces el Mar Mediterráneo, situando como zonas prioritarias y vitales los territorios del Magreb, el Sahel, el Cuerno de África y el Golfo de Guinea (Fuente Cobo, 2018). En lo que al Sahel respecta, la Estrategia Nacional contra el Terrorismo expresa que:

> *"Esta crisis multidimensional del Sahel afecta indefectiblemente a la estabilidad en la zona y, de manera directa, a los intereses nacionales de España, especialmente en lo que se refiere a la amenaza terrorista y al aumento de los flujos migratorios irregulares que pueden ser aprovechados por elementos terroristas para dar cobertura a sus desplazamientos" (Ministerio de la Presidencia, Justicia y Relaciones con las Cortes, 2024).*

Por tanto, ante esto, países como Argelia y Marruecos se alzan como socios estratégicos claves a la hora de mantener la frontera sur segura pues la seguridad del Magreb constituye uno de los factores con mayor incidencia sobre el nivel de amenaza terrorista y los intereses españoles en dicha región (Ministerio de la Presidencia, Justicia y Relaciones con las Cortes, 2024), fundamentalmente, como consecuencia de los numerosos vínculos existentes entre yihadistas magrebíes con residentes en España, además de la proporción de Combatientes Terroristas Extranjeros y terroristas detenidos en territorio español procedentes de esta zona (Ministerio de la Presidencia, Justicia y Relaciones con las Cortes, 2024). Ahora bien, también es verdad que esta frontera del Magreb, se ha caracterizado desde hace años, por su extrema fragilidad debido a los factores explicados al principio de este trabajo, el abandono internacional y la incapacidad de los Estados del Sahel para retener estas amenazas (Fuente Cobo, 2018).

Si observamos la evolución del terrorismo yihadista en España en los últimos años podemos comprobar que también hay una tendencia ascendente en cuanto al número de operaciones contra el terrorismo, desde las 9 realizadas en 2004 hasta las 49 en 2024. En cuanto al número de detenidos, si bien el culmen se encuentra en los 131 del 2004 podemos observar que, desde el año 2013, la tendencia descendente que se estaba produciendo desde este último año mencionado, cambia a la tendencia contraria, es decir, ascendente hasta llegar a los 81 detenidos en 2024 (Ministerio del Interior, 2025). Cabe destacar, que otras fuentes del Ministerio apuntan 89 detenidos yihadistas en 2024 (Ministerio del Interior, 2025). No obstante, a continuación, adjunto la tabla con los datos del Ministerio del Interior para una mayor comprensión al respecto.

Gráfico 6. Lucha contra el terrorismo yihadista.

HISTÓRICO — LUCHA CONTRA EL TERRORISMO YIHADISTA

AÑOS	Nº OPERACIONES EN ESPAÑA	Nº DETENIDOS EN ESPAÑA	Nº OPERACIONES EN OTROS PAÍSES	Nº DETENIDOS EN OTROS PAÍSES
(*DESDE ATENTADOS 11M) 2004*	9	131	-	-
2005	11	92	-	-
2006	9	59	-	-
2007	19	51	-	-
2008	11	62	-	-
2009	10	40	-	-
2010	5	12	-	-
2011	12	17	-	-
2012	5	8	-	-
2013	8	20	2	4
2014	13	36	7	27
2015	36	75	8	27
2016	36	69	5	7
2017	52	76	6	10
2018	23	29	8	32
2019	32	58	7	10
2020	23	37	1	1
2021	22	39	1	1
2022	27	46	4	7
2023	43	78	6	12
2024	49	81	4	7
2025	18	38	2	2
TOTALES	466	1.154	61	147

■ TERRORISTAS YIHADISTAS DETENIDOS EN ESPAÑA

▶ **TOTAL DESDE ATENTADOS 11M**
DESDE 11 DE MARZO DE 2004 — **1.154**

▶ **TOTAL XV LEGISLATURA**
DESDE EL 17 DE AGOSTO DE 2023 — **178**

■ DETENIDOS EN OTROS PAÍSES

147
11

DATOS OFICIALES ACTUALIZADOS A
MINISTERIO DEL INTERIOR — SECRETARÍA DE E DE SEGURIDAD

Fuente: Ministerio del Interior, 2025.

Al igual que sucede con las cifras en Europa, si bien éstas responden tanto al contexto geopolítico mundial como a procesos de radicalización interna, no es arriesgado pensar que también pueda ser el resultado de una mayor infiltración terrorista pues estos niveles han ido aumentado de manera paralela al incremento de la migración a España en los últimos años, como se puede apreciar en el apartado de la evolución de la Ruta Canaria.

Ahora bien, con el fin de comprender mejor por qué tanto España como la UE son objetivos del terrorismo yihadista debemos prestar atención a su propaganda. Ésta se fundamenta en gran medida en la idea de llegar a Europa para poder reclamar antiguos territorios musulmanes, incrementando así el riesgo de infiltraciones y que veremos a continuación con las siguientes sentencias de la Audiencia Nacional de España. Tanto el EI como Al Qaeda, aun cuando sus estrategias difieren, basando el primero su actividad en una exposición más pública y el segundo en una más clandestina y de sigilo (Herrero y Machín, 2015), ambos cuentan con un ideario que se sustenta en la constitución de un califato islámico que incorpore todos los territorios que en algún momento histórico pertenecieron a la cultura musulmana (Reinares, 2015) dado que suponen unos referentes nostálgicos de una época de esplendor y les posibilita revestir sus actuaciones de un factor religioso (Audiencia Nacional, Sala de lo Penal, Sección 4ª, 2021). De esta manera, las zonas que acogen el antiguo Al Ándalus, así como Ceuta y Melilla constituyen, hoy en día, unos de los principales objetivos dentro de ambos grupos yihadistas tal y como se refleja en sus actividades propagandísticas (Reinares, 2015).

Así pues, en esta línea, las siguientes sentencias de la Audiencia Nacional permiten vislumbrar y comprender el alcance real de toda esta actividad y por tanto, suponen un pequeño reflejo de esta constante amenaza. En primer lugar, en la sentencia Nº 20/2021, del 12 de noviembre de 2021 y recurso 9/2021 de la Sala de lo Penal Sección 4 de la Audiencia Nacional se condena al señor Leandro, marroquí domiciliado en Sevilla, por autoadoctrinamiento y autocapacitación terrorista, por intentar cometer un atentado terrorista durante la Semana Santa del 2019 en dicha ciudad. Su adoctrinamiento se llevó a cabo gracias a la labor de Bernabé, individuo adscrito ideológicamente al Daesh y terrorista al servicio de este grupo, actualmente en prisión provisional en Marruecos y responsable de la fabricación y manejo de explosivos. Las acciones de ambos se encuentran englobados dentro de la estrategia y el ideario del Daesh que ve la violencia como la única vía para conseguir los territorios de Al Ándalus, Ceuta y Melilla, legitimando así su radicalización y su participación en dicha planificación terrorista (Audiencia Nacional, Sala de lo Penal, Sección 4ª, 2021).

Por otra parte, en la sentencia Nº 20/2023, del 27 de septiembre de 2023 y recurso 8/2023 de la Sala de lo Penal Sección 2 de la Audiencia Nacional, se condena a Victorino, residente de larga duración en España, a su expulsión del territorio nacional, con prohibición de regreso a este país por el periodo de 10 años por los delitos de enaltecimiento terrorista, autoadoctrinamiento y autocapacitación terrorista por la difusión de propaganda yihadista en múltiples redes, en la que no sólo enaltecía al Islam, sino que también daba visibilidad a decapitaciones y mensajes como el siguiente: "El único castigo para un blasfemo, decapitación" (Audiencia Nacional, Sala de lo Penal, Sección 2ª, 2023, pp. 5), a los que incluía las siglas de la organización Threek-e-Labaik Pakistan de la que se consideraba seguidor. También hacía llamamientos a la reconquista musulmana de la Península Ibérica, así como se comprometía a "hacer la yihad en Sevilla" (Audiencia Nacional, Sala de lo Penal, Sección 2ª, 2023, pp. 6), cumpliendo así con las premisas antes mencionadas.

En este sentido, el aumento de las migraciones por la Ruta de África Occidental trae consigo dichos riesgos. Como ya dijimos con anterioridad sobre la novedosa y reciente llegada a las Islas Canarias de individuos corpulentos que saben manejar objetos contundentes, expertos antiterroristas y los servicios de inteligencia vigilan el archipiélago al tener indicios que demostrarían la entrada de miembros o simpatizantes del Estado Islámico mezclados entre los inmigrantes con destino en estas ínsulas dado que, incluso a día de hoy, existe una gran facilidad de infiltración por esta ruta migratoria según estos mismos (Zuloaga, 2021). Las Canarias, que han ido cobrando relevancia mediática en los últimos años como consecuencia de la presión migratoria, suponen un lugar bastante aludido por parte de los yihadistas, pues ya desde el 2022 han sido muchas las referencias a este archipiélago en la propaganda islámica con mensajes como "este es el archipiélago conocido hoy como las islas Canarias, que está ocupado por España. Estas islas turísticas son demasiado famosas para mencionarlas. Estamos luchando en el Sahel y nuestros ojos están puestos en las islas de Al Ándalus y su tierra" a través del cual, podemos observar las aspiraciones de reconquista de este territorio al que engloban dentro del dominio de Al Ándalus (Domínguez Iribarren, 2023). De esta manera, la preocupación es mayor al suponer que este conjunto de islas se están convirtiendo en un posible objetivo al alcance de los grupos yihadistas (Pulido, 2024) además de servir para la financiación de las distintas facciones del Sahel. Igualmente, la creciente llegada de personas pakistaníes a bordo de estos cayucos, así como la mayor actividad de mafias pakistaníes operando en la Ruta Canaria ha captado la atención de los servicios de información de la Policía Nacional, que ve a estas islas como la puerta de entrada del yihadismo, incluido del EI de Jorasán (Pulido, 2025), así como de FRONTEX. Si bien esta ruta desde Pakistán a Canarias ya ha sido usada alguna que otra vez, como atestigua FRONTEX en sus informes internos, esto aumenta la amenaza para España pues crea rutas alternativas para una mayor cantidad de nacionalidades. Por otra parte, se teme que estas mafias puedan estar relacionadas con organizaciones terroristas (Pulido, 2024). Además ya en el año 2023, tanto este último grupo, el EI de Jorasán, como Al Qaeda y el Daesh, mostraron un gran interés por España y estas islas en su propaganda, al incluir a nuestro país como objetivo prioritario (Pulido, 2025). Por ende, la situación de seguridad española y, en consecuencia, europea, se encuentra en un momento extremadamente complicado que refleja la necesidad de una estrategia migratoria y de seguridad más fuerte (Pulido, 2024).

Capítulo 3. Respuestas estratégicas ante la amenaza

3.1. Políticas de control fronterizo en la ruta canaria

Una vez explicado todo lo anterior, ha llegado el momento de investigar cuáles han sido las políticas de control fronterizo o de seguridad que se han implementado en la Ruta Canaria en los últimos años tanto por parte de España, como por parte de la UE. Es imprescindible tener en consideración que, para evitar la amenaza yihadista y el riesgo de infiltraciones terroristas entre estos flujos migratorios, la respuesta general de ambos actores debería constituir tratar de reducir o limitar estas llegadas irregulares.

Para empezar, en lo que a España se refiere, nuestro país ha tomado una serie de medidas o, en su caso, iniciativas de actuaciones en los últimos años. Ahora bien, aunque estas acciones han podido mitigar en cierto grado el impacto de la crisis migratoria en el archipiélago, tales como el despliegue de medios aéreos, en este caso un avión CN-235 para vigilar las costas de Mauritania y Senegal, así como un Beechcraft Super King Air 350i para patrullar desde estas islas (Ministerio del Interior, 2023) o el acuerdo de reunión de la Autoridad de Coordinación frente a la Inmigración Irregular en Canarias cada 15 días con las administraciones con competencias en el ámbito de la inmigración para agilizar la situación en estas islas (Ministerio del Interior, 2023), éstas no parecen haber contribuido a la mejora de la situación de manera satisfactoria. Por ende, ante dicha situación, y la creciente presión migratoria a la que las Islas Canarias continúan enfrentándose, es fundamental reflejar algunas de las distintas reuniones de carácter urgente que se han llevado a cabo durante el pasado año con el fin de acordar una solución al respecto. De esta manera, los principales encuentros que se han producido han sido la reunión con la Comisaria Europea de Interior, Ylva Johansson el pasado 15 de diciembre de 2023 para evaluar dicha crisis migratoria, con el fin de buscar respuestas europeas a la situación debido a que también supone un problema europeo (Redacción Informativos RTVC, 2023). Por su parte, más adelante, específicamente en junio de 2024, se celebró también el encuentro del Ministro de Política Territorial y Memoria Democrática con los distintos grupos parlamentarios para acordar una modificación legislativa con el fin de distribuir a los menores migrantes no acompañados (MENAS) entre las diferentes Comunidades Autónomas (Ministerio de Política Territorial y Memoria Democrática, 2024).

Por otro lado, destaca la implicación de la Agencia Europea de la Guardia de Fronteras y Costas a la que, en octubre de 2024, el Ministro del Interior, Grande-Marlaska procedió a cumplimentar una solicitud de ayuda para prevenir la migración en aguas africanas como método para salvaguardar vidas (La Moncloa, 2024). Asimismo, esta solicitud incluye un despliegue de la misma agencia en Senegal, Mauritania y Gambia por su experiencia previa en la gestión de la crisis migratoria del 2006 (La Moncloa, 2024). No obstante, dado que dicha solicitud no es de carácter formal, tal y como comentó el director ejecutivo de FRONTEX, Hans Leijtens, la asistencia de esta agencia europea para la situación preocupante que está viviendo el archipiélago es bastante limitada. Además, ha seguido insistiendo en que se formalice una solicitud de ayuda por parte del Gobierno español, con el fin de poder desplegar una mayor presencia en la zona (Chávarri y Alarcón Bruselas, 2024).

Al mismo tiempo, si bien la presión migratoria no ha sido la única razón para los cambios de normativa, sí que es verdad que ha jugado un papel fundamental en todo ello. Por eso mismo, y tras los últimos picos migratorios en 2023 y 2024 en España, fundamentalmente, en la Ruta Atlántica, el ejecutivo español ha procedido a realizar los siguientes cambios en su legislatura de extranjería. En primer lugar, tenemos el Reglamento de la Ley Orgánica 4/2000, de 11 de enero, sobre derechos y libertades de extranjeros en España y su integración social aprobado por el Real Decreto 1155/2024 del 9 de noviembre de 2024, por el que "debido a la evolución del fenómeno migratorio y a la necesidad de adaptar la normativa a una realidad cambiante, resulta necesario aprobar un nuevo reglamento que aglutine las diversas y necesarias reformas, en lugar de llevar a cabo una modificación parcial del mismo" (Gobierno de España, 2024, p. 5). Con él, además:

> *"Se plantea simplificar y agilizar los procedimientos, evitando la presentación excesiva de documentos o por vías inadecuadas y la doble comprobación de los mismos requisitos; reducir los tiempos, excesivos, empleados para algunas vías de migración regular; mejorar la concreción jurídica respecto a las figuras y situaciones cubiertas por determinados*

permisos; contemplar, de manera expresa, los derechos de las personas trabajadoras migrantes, consagrados, además, en
el derecho de la Unión Europea; conseguir una mayor claridad, también, en lo relativo a aquellas disposiciones comunes
a todas las autorizaciones, como es el caso de la presentación de las solicitudes o las extinciones de las autorizaciones;
la regulación de en qué supuestos, y bajo qué condiciones, se puede modificar el estatus migratorio de una persona, y de
sus familiares, algo que resultaba necesario dada la confluencia de varias figuras jurídicas y la dificultad, tanto para
el operador jurídico como para el propio titular de la autorización, de efectuar esa transición con seguridad jurídica"
(Gobierno de España, 2024, p. 5).

Por último, debemos mencionar que se está trabajando en una futura Ley de Asilo con el fin de adaptar el marco normativo español al Pacto Europeo de Migración y Asilo, que explicaremos a continuación, y que se prevé que entre en vigor para junio de 2026 (CEAR, 2025). Esta ley podría ser clave a la hora de impedir u obstaculizar el uso del instrumento del asilo de una manera multitudinaria tanto por migrantes instruidos a actuar como tal por la delincuencia organizada, así como por parte de actores radicales tales como terroristas para quedarse en territorio español, aunque no podemos estar seguros de su salida adelante.

En segundo lugar, tenemos las distintas medidas que la UE ha llevado a cabo, constituyendo el nuevo Pacto de Migración y Asilo el cambio más notable. Esta iniciativa del 2020 de la Comisión Europea y que se aprobó por una mayoría escasa en el Parlamento Europeo el 10 de abril de 2024, si bien tiene sus orígenes en la famosa Crisis de Refugiados del 2015, se vio altamente influenciado por la reactivación de los flujos migratorios irregulares y, consecuentemente, del aluvión de peticiones de asilo que trajeron consigo tras la pandemia del Covid-19 rutas como la Atlántica (González Enríquez, 2024). Así, este pacto tiene como prioridad:

"Garantizar un sistema migratorio más justo y más reforzado que marque una diferencia real sobre el terreno. Estas nuevas
normas harán que el sistema europeo de asilo sea más eficaz y aumentarán la solidaridad entre los Estados miembros.
La Unión Europea también seguirá cooperando estrechamente con terceros países para abordar las causas profundas de
la migración irregular. Solo juntos podemos encontrar respuestas al reto mundial de la migración." (Consejo de la Unión
Europea, 2024).

Para que todo lo anterior se haga posible el pacto contempla cinco reglamentos que modifican los previos y que son el Reglamento sobre el Control, el Reglamento sobre los Procedimientos de Asilo, el Reglamento sobre el Procedimiento Fronterizo de Retorno, el Reglamento sobre la Gestión del Asilo y la Migración, el Reglamento sobre Crisis, el Reglamento de Reconocimiento y, la Directiva sobre las condiciones de acogida y el Reglamento sobre el Reasentamiento. Entre todos estos, cabe destacar el Reglamento que permite homogeneizar los controles en las fronteras exteriores de la UE mediante procedimientos de identificación, vulnerabilidad, sanitarios y de seguridad a los migrantes irregulares y solicitantes de asilo. Por su parte, la adopción de una nueva base de datos Eurodac, propicia una mejor recopilación de datos, incluidos los biométricos, de los distintos tipos o categorías de personas desplazadas, incluidos, por ende, tanto los solicitantes de protección internacional como los inmigrantes irregulares con el fin de mejorar el control de este tipo de migración, así como los desplazamientos secundarios, es decir, aquellas personas que tras llegar a un país europeo inicial como España, se trasladan a otro como Alemania sin tener su caso resuelto por la autoridades del país por el que entró (Consejo de la Unión Europea, 2024). Por último, este pacto tiene como objetivo también luchar contra las redes de tráfico de seres humanos, incluidas las de personas migratorias (González Enríquez, 2024) para evitar la facilitación de entradas tanto de individuos en situaciones irregulares como de posibles elementos terroristas.

Dentro de éstas, es indispensable mencionar las diferentes reuniones que han tenido y tendrán lugar tanto en territorio español, como dentro de las distintas instituciones europeas en relación a la crisis migratoria en Canarias. Para ello, comenzaremos con la reunión MED-5. Este encuentro, de alto nivel, congregó en las Palmas de Gran Canaria a los Ministros del Interior de España, Malta, Chipre, Grecia e Italia, es decir, los cinco países que conforman la frontera sur de Europa, con el fin de discutir, no sólo del nuevo Pacto de Migración y Asilo europeo sino también, para pedir una mayor implicación de la UE a través de sus agencias en relación a la presión migratoria a la que estos países se enfrentan, así como la mejora de la financiación, fomento de relaciones y cooperación con los países de origen y tránsito y, la elaboración de un marco jurídico migratorio comunitario, entre otros aspectos, de manera que se pueda mejorar considerablemente la situación de movilidad de estos últimos años (Departamento de Seguridad Nacional, 2024). Igualmente, en septiembre de 2024, el vicepresidente de la Comisión Europea, Margaritis Schinas, viajó a las Canarias con el objetivo de mostrar solidaridad con España y demostrar así el compromiso y apoyo de la UE con la gestión de la migración, brindando la posibilidad de debatir nuevas formas de colaboración de esta entidad supranacional tanto a España como a este conjunto de islas (Comisión Europea, 2024). De manera adicional, Bruselas ha concretado otras dos reuniones para los próximos meses en Canarias y a través de las cuales el Gobierno de Canarias pretende involucrar a la UE en esta gestión. Para empezar, está la reunión de la Comisión CIVEX del Comité Europeo de las Regiones en Tenerife para el próximo julio de 2025 que tiene el objetivo de abordar la presión migratoria en el archipiélago, incidiendo especialmente en la atención a los migrantes menores no acompañados (Gobierno de Canarias, 2025) y, la visita de la Comisión LIBE (Libertades Civiles, Justicia e Interior) en mayo de 2025 también, para ejercer como vigilante y defensor de la aplicación en esta región del Pacto de Migración y Asilo (Gobierno de Canarias, 2025). A través de ella, se pretende conocer en profundidad la situación en el archipiélago a este respecto para luego elaborar un informe que será elevado a la Comisión Europea. Asimismo, con este encuentro se responde a la reunión "Migration Task Force" de la Conferencia de Regiones Periféricas y Marítimas (CRPM) del pasado 7 de marzo, durante la cual el Viceconsejero del Gabinete del Presidente de Canarias expuso a la UE la situación extrema del conjunto de islas y pidió que se retomara la operación europea en el Sahel, así como una mayor cooperación con los países de África Occidental donde se concentra los desplazados por los conflictos, violencia y otras causas similares de la región saheliana (Gobierno de Canarias, 2025).

Además de esto, la UE, más concretamente la Comisión Europea ha realizado una serie de actividades para poder aliviar la situación existente en este archipiélago. Por una parte, en los años 2023 y 2024, a raíz de una petición española de apoyo financiero, la Comisión Europea concedió una ayuda de emergencia de 20 millones de euros del Fondo de Asilo, Migración e Integración (FAMI) exclusivamente para las Islas Canarias, con el objetivo de aligerar la presión sobre su sistema de acogida, así como una ayuda de 17, 5 millones de euros del Instrumento de Gestión de las Fronteras y Visados (IGFV) para ayudar en la identificación de los migrantes (Comisión Europea, 2024) y una ayuda de 14 millones de europa del Fondo Europeo de Desarrollo Regional (FEDER) para mejorar las capacidades de acogida de los mismos (Euronews, 2024). Por otra parte, la UE tiene personal tanto de FRONTEX como de la Agencia de Asilo de la Unión Europea (AAUE) desplegado en la zona para apoyar a las autoridades españolas en la gestión de estos flujos de población, específicamente, la administración de las fronteras exteriores y la acogida de inmigrantes y, adicionalmente, desde 2023, se viene desarrollando un Plan de Acción para las rutas de tránsito del Mediterráneo occidental y del Atlántico, con medidas de cooperación con los países de origen y paso de este tipo de personas desplazadas (Comisión Europea, 2024).

Por último, cabe mencionar la propuesta de la Comisión Europea de países considerados "seguros" y que son Kosovo, Bangladesh, Colombia, Egipto, La India, Marruecos y Túnez que permita agilizar tanto los procedimientos de asilo de los migrantes procedentes de estos países mencionados, como los procesos de devolución de aquellos solicitantes de asilo rechazados, previsto para entrar en vigor en 2026 (Genovese e Íñiguez de Onzoño, 2025) y dentro de la cual las Islas Canarias tendrán un papel fundamental.

3.2. Cooperación internacional en la lucha contra el terrorismo y el tráfico humano

En este contexto, donde las amenazas son cada vez más transnacionales, la cooperación internacional se alza como un pilar fundamental a la hora de hacer frente a los desafíos del terrorismo y el tráfico humano. Estos dos fenómenos, muy a menudo interrelacionados, tal y como hemos explicado con anterioridad en el trabajo, requieren de una serie de respuestas coordinadas entre Estados, organizaciones internacionales y entidades regionales. De esta manera, a continuación, se explicarán los principales mecanismos de cooperación en dicho ámbito.

Para empezar, cuando hablamos de cooperación internacional en el Sahel, resulta inevitable pensar en el conjunto de operaciones militares y civiles que distintos organismos como las Naciones Unidas o, incluso la UE han desarrollado en la región. Aunque muchas de estas misiones han finalizado en los últimos años, principalmente entre 2023 y 2024, algunas siguen activas, desempeñando una función clave tanto en el apoyo a la estabilidad como a la seguridad territorial también. Por tanto, a continuación, se mencionan las principales operaciones que continúan en funcionamiento en distintas partes del Sahel y que son, fundamentalmente de la UE:

En primer lugar, tenemos la misión civil de la UE, EUCAP Sahel-Mali, iniciada en el año 2015, que tiene como propósito final apoyar la reforma del sector de seguridad de Mali, proporcionando asistencia estratégica, así como el desarrollo de capacidades e infraestructura en el mismo ámbito. Igualmente, esta operación apoya a las Fuerzas de Seguridad Interna en ámbitos diversos como la gestión de crisis o la gestión de fronteras. Finalmente, conviene señalar que esta intervención ha estado activa hasta hace unos pocos meses al haber podido prolongar su mandato hasta el 31 de enero del año 2025 con una dotación adicional de 73 millones de euros para poder hacer frente a la reciente inestabilidad que se ha dado lugar en dicho país por los recientes golpes de Estado (Consejo de la Unión Europea, 2023).

A continuación, encontramos la misión EUTM Somalia, iniciada en el año 2010 y con un mandato renovado hasta el 28 de febrero del 2027 (European Union Training Mission Somalia, 2017), cuyo diseño pretende ayudar en la creación de un Ejército Nacional Somalí. Su objetivo principal es el fortalecimiento de la seguridad fundamentalmente en la lucha contra el grupo yihadista Al-Shabab. Con esta operación, la UE tiene como objetivo aumentar la eficiencia, competitividad, capacidades, etc., del sector de seguridad somalí de manera que ellos puedan, de manera paulatina, asumir todas las responsabilidades al respecto (van der Lijn, et al., 2022), fortaleciendo así las instituciones de Somalia frente a este tipo de amenazas. Actualmente, esta acción se encuentra inmersa en el noveno mandato con el que se pretende ayudar a desarrollar la Armada y Guardia Costera de este Estado (European Union Training Mission Somalia, 2017).

Siguiendo en la línea de lo anterior, aún cuando todavía existen operaciones de la UE en activo, aunque pocas, no puede pasarse por alto la implicación directa de algunos Estados Miembros con otras iniciativas complementarias. En este sentido, España desempeña un papel clave, con proyectos como el GARSI SAHEL, que explicaremos más adelante, que se alinean con sus prioridades estratégicas ya que el Sahel representa un punto neurálgico para la seguridad nacional, tal y como ya hemos comentado en apartados anteriores.

Con el fin de luchar contra las amenazas que afectan a Europa y que son, fundamentalmente, la inmigración irregular, la amenaza terrorista, los tráficos ilícitos como el de las drogas (Ministerio del Interior, 2023) y las redes criminales, en el año 2016, el Ministerio del Interior de España propuso el proyecto GARSI SAHEL a la Comisión Europea, quien, más tarde, trasladó su gestión al FIIAPP. Este proyecto europeo de iniciativa española, tiene como objetivo contribuir a la estabilización y seguridad en los países del G5, es decir, Mauritania, Burkina Faso, Mali, Níger, Chad más Senegal, y de sus poblaciones, respectivamente, incluyendo un mayor control de las fronteras de las zonas más aisladas. De esta manera y, a través del liderazgo de expertos de la Guardia Civil, junto con expertos procedentes de la Gendarmería Nacional Francesa, el Arma de Carabineri Italiana y la Guardia Nacional República portuguesa (Ávila Solana, 2020) se busca mejorar la protección interna en la región, reforzando las capacidades de seguridad de los países y potenciando una cooperación más allá de las fronteras (FIIAPP, 2025). Así, este proyecto, que se lanzó en el 2017, busca crear siete unidades GARS (Grupo de Acción Rápida de la Guardia Civil) en los países mencionados, con un presupuesto inicial de 41,6 millones de euros, que en el 2019 se aumentó en 25 millones más, con el fin de poder satisfacer la demanda de los países beneficiarios. De este modo, actualmente, el programa trata de formar a unos 2.000 gendarmes que conformarán 14 unidades GARSI. Adicionalmente, esta iniciativa se divide en un proceso de diagnóstico de la situación, un periodo de formación que se desglosa en cuatro fases, estando actualmente inmerso en la tercera (FIIAPP, 024), un periodo de mentorización y otro de interoperabilidad para poder ponerle fin (Ávila Solana, 2020).

En línea con la cooperación procedente de la UE, aunque de manera más concreta en lo que respecta a la lucha contra el tráfico de seres humanos destacan dos proyectos europeos, gestionados por la FIIAPP y financiados por el Fondo Fiduciario de Emergencia para África, y que son ECI-Níger y A-TIPSOM Nigeria. Centrándonos en el primero, la iniciativa ECI-Níger fue lanzada en el 2017 con el objetivo principal de mejorar la gestión de la migración, la prevención de conflictos, mejora de la gobernanza y reducción tanto de los desplazamientos forzados y movimientos de inmigración irregular (Altuna Galán, 2018). Así, este proyecto se orienta en la lucha contra las redes criminales de tráfico de personas e inmigración ilegal en dicho Estado, mediante la formación y acompañamiento de los servicios de policía nigerinos. Adicionalmente, esta actividad, se lleva a cabo con la colaboración del Cuerpo Nacional de Policía de España y la Dirección Central de Policía de Fronteras de Francia (FIIAPP, 2020). Actualmente, este proyecto se encuentra completamente inmerso en su tercera etapa, la cual, busca ampliar el alcance del plan geográficamente, extendiendo su mandato hasta el año 2027 (FIIAPP, 2023). Por su parte, la acción A-TIPSOM Nigeria, que nace un año más tarde, en el 2018, comparte el objetivo de reducir la proporción de tráficos ilícitos de migrantes y trata de personas tanto entre Nigeria y la UE, como a nivel nacional y regional, especialmente en lo que respecta a las mujeres y los niños. De este modo, esta propuesta trata de acometer estas cuestiones desde las conocidas como las cinco "P" por sus nombre en inglés y que son: Prevención (Prevention), Protección (Protection), Política (Policy), Asociación (Partnership) y Persecución (Prosecution) (FIIAPP, 2020). Adicionalmente, aunque esta iniciativa terminó el pasado mes de abril del 2024, contó durante cuatro años con la participación de la Policía Nacional de España con el fin de mejorar esta cooperación y al suponer nuestro país como uno de los principales países de destino dentro de la UE (FIIAPP, 2020).

Para concluir en lo que respecta a la UE, es fundamental destacar la elección del Consejo de la UE de João Cravinho como Representante Especial de la UE en el Sahel, cuyo mandato estará vigente hasta 2026, y cuyo papel resulta de extremada relevancia, al tener que coordinar la Estrategia Integrada de la UE en el Sahel, cuyo objetivo es mejorar la crisis regional y dirigir los esfuerzos de la Unión en la consecución de la paz duradera, seguridad, estabilidad y desarrollo de la región (SEAE, 2025) tal y como se contempla en la Decisión del Consejo (PESC) 2024/2905 de 18 de noviembre de 2024 (Consejo de la Unión Europea, 2024).

Por otra parte, en el marco más internacional, encontramos a la ONU, organismo internacional que juega un papel importante en la cooperación internacional en la lucha contra el terrorismo y la tráfico humano sobre todo mediante la Oficina de las Naciones Unidas contra la Droga y el Delito, más comúnmente conocida como UNODC, que actualmente cuenta con su Estrategia 2021-2025. A través de ella se busca reforzar la capacidad de los Estados Miembros para hacer frente a las distintas amenazas existentes en el mundo actual, como pueden ser el terrorismo, la delincuencia organizada, el tráfico de drogas o la corrupción, fundamentalmente mediante procesos como la cooperación internacional (UNODC, 2021). De esta manera, en lo que al terrorismo se refiere, este documento propone una serie de medidas como son el fortalecimiento de los sistemas jurídicos de los Estados Miembros para la prevención y lucha contra el terrorismo, compaginable con los derechos humanos; el refuerzo de los mecanismos de lucha contra la financiación del terrorismo; el apoyo en la creación de marcos jurídicos de los Estados Miembros que cuenten con los instrumentos jurídicos internacionales contra el terrorismo; la colaboración con los actores pertinentes para la prevención del extremismo violento que desemboque en terrorismo; y la ampliación de la presencia de esta Oficina sobre terreno para ayudar a los Estados Miembros en los ámbitos del terrorismo y ayuda a las víctimas (UNODC, 2021). Por su parte, en relación con la delincuencia organizada, por ende, el tráfico de seres humanos, las medidas propuestas son: el incremento de los esfuerzos a la hora de comprender la delincuencia organizada y refuerzo de la prevención y de la lucha contra este fenómeno en todas sus formas, incluido la trata de personas y el tráfico de migrantes; la facilitación de intercambio de información para cumplir con la Convención contra la Delincuencia Organizada Transnacional y otros documentos rectores; el fortalecimiento de la capacidad de los Estados de realizar operaciones conjuntas contra estos grupos; la priorización de la asistencia nacional para luchar contra la ciberdelincuencia y sus vínculos con el terrorismo y los tráficos ilícitos; y el apoyo a los países en la asistencia a las víctimas y testigos, así como con el refuerzo de las leyes y la justicia penal de los países (UNODC, 2021).

En sintonía con lo anterior, debemos destacar también una serie de iniciativas, por parte de este organismo internacional, en lo que se refiere a los ámbitos de este apartado. Por ello, en primer lugar, destacamos la unión desde 2024 de UNODC con la OIM a través de la firma de una Declaración de Asociación entre ambos con el fin de intensificar la cooperación estratégica de ambas en el ámbito de la delincuencia organizada vinculada a la migración. Adicionalmente, esta asociación contempla mejorar los esfuerzos colaborativos, así como aumentar la eficacia de los programas enfocados en la trata de personas, tráfico de migrantes, gestión de fronteras y/o seguridad transfronteriza, prevención del terrorismo y recopilación y tratamiento de los datos para dar un mejor servicio a los desplazados (OIM, 2024). Por otro lado, tenemos el Proyecto Turquesa, iniciativa conjunta de Interpol y la UNODC con un mandato vigente desde abril del 2023 a septiembre de 2025, y, a través del cual, se pretende identificar casos tanto de trata de seres humanos como de tráfico de migrantes y el desmantelamiento de los grupos delictivos responsables. Para ello, promueven la cooperación internacional e interinstitucional e investigan y persiguen estos casos, garantizando siempre el respeto a los derechos humanos de los inmigrantes a la vez que realizan las siguientes tres actividades: análisis criminal para conocer rutas, *modus operandi* y tendencias de ambos tráficos, forman a los participantes, ya sean jueces, policías o fiscales, en ambas materias y hace avanzar las investigaciones transnacionales gracias al apoyo y capacidades de Interpol (INTERPOL, 2023). Por último, tendríamos el Programa Sahel de UNODC, basado en la Estrategia Integrada de las Naciones Unidas para el Sahel (UNISS) que, fundamentalmente, promueve el desarrollo de los sistemas de justicia penal de estos países de manera que puedan ser más accesibles y eficientes en la lucha contra el terrorismo, la delincuencia organizada, o los tráficos ilícitos, con el fin último de poder dar una respuesta multidisciplinar a los desafíos a los que se enfrenta dicha región (UNODC, 2025).

Por su parte, la ONU también dispone de la Oficina de las Naciones Unidas de Lucha contra el Terrorismo (UNOCT), a través de la cual se impulsan varios programas o iniciativas, estando una parte de ellas enfocadas en el Sahel. Un ejemplo de ello sería el acuerdo entre esta Oficina y la CEDEAO en el año 2023, para reforzar la colaboración en la prevención y lucha contra el terrorismo y extremismos violentos, mediante la implantación de medidas de seguridad y de combate a estos dos fenómenos y sus derivaciones, como pueden ser la financiación o los viajes de combatientes terroristas, durante los siguientes cinco años a la firma (UNOCT y CEDEAO, 2023). Asimismo, está la Paltaforma de Marrakech, iniciativa nacida en 2022 con el fin de promover el desarrollo tanto de la cooperación a nivel regional como de las capacidades de lucha contra el terrorismo en África, mediante la habilitación de un foro que permite a sus integrantes discutir las amenazas actuales, así como coordinar las respuestas (UNOCT, 2024).

Ya por último, en relación a España, nuestro país además de gestionar los proyectos europeos ECI-Níger y GARSI SAHEL, destaca por sus relaciones bilaterales con Estados de África Occidental como Mauritania, Gambia y Senegal. Aunque con estos países las relaciones bidireccionales se intensificaron especialmente durante la Crisis de los Cayucos (Ministerio de Inclusión, Seguridad Social y Migraciones, 2024), el año pasado España firmó unos acuerdos de cooperación en el ámbito de la seguridad, con el objetivo de fortalecer el control migratorio y disminuir así los flujos migratorios que se dirigen hacia el archipiélago canario (Euronews, 2024). En este sentido, destacamos la relación de cooperación existente de nuestro país con Senegal en materia migratoria, que permite el despliegue de Fuerzas y Cuerpos de Seguridad españoles en el país, así como la cooperación en equipos en los dos proyectos de la UE para el intercambio de información y elaboración de líneas de acción contra el tráfico de migrantes, y que son la Asociación Operativa Conjunta y la Red de Partenariados Operativos Conjuntos (La Moncloa, 2025).

3.3. Recomendaciones para España y la UE

La creciente convergencia entre el terrorismo de corte yihadista y las redes de tráfico de personas a nivel global, incluido en el Sahel, representa una amenaza multifacética que requiere de respuestas integrales y coordinadas. En este contexto, por tanto, resulta imprescindible para España y, por ende, para la UE adoptar de una dirección estratégica que combine elementos como la prevención, la cooperación internacional y el fortalecimiento de las instituciones, con el objetivo de contener este fenómeno y los distintos desafíos que de él derivan. Así, las recomendaciones que se presentan en este último apartado tienen como finalidad orientar la acción política, mediante propuestas concretas que sirvan para hacer frente a este suceso, así como a las particularidades de la región afectada.

En primer lugar, para combatir eficazmente la posible infiltración de elementos yihadistas en territorio europeo, resulta esencial abordar los flujos de inmigración irregular. En este contexto, el Nuevo Pacto de Migración y Asilo de la UE, ya analizado en apartados anteriores representa un paso significativo hacia una gestión más segura y coordinada de las migraciones. No obstante, a pesar de los avances, esta herramienta cuenta con ciertas limitaciones. Entre las fuertes debilidades del pacto destaca la dependencia de acuerdos con terceros países, lo que puede generar vulnerabilidades, así como una excesiva dependencia de dinámicas políticas externas. Asimismo, la falta de consenso dentro de la Unión, con la oposición interna de algunos Estados Miembros, amenaza a su aplicación efectiva y uniforme. Por otro lado, cuestiones estructurales como la propia gestión del asilo y la migración irregular, tampoco encuentran en este pacto una solución definitiva (González Enríquez, 2024). A este respecto y, con el objetivo de mejorar la eficacia del Nuevo Pacto, se proponen las siguientes recomendaciones:

Enfoque más integral de la política migratoria

Es necesario ampliar el alcance del Nuevo Pacto para que no se limite a la gestión exclusiva de la migración irregular. De este modo, se debería incorporar otras formas de migración, más allá de las irregulares, como las laborales y legales con el fin de tener un punto de vista más holístico y realista del fenómeno migratorio en su conjunto (González Enríquez, 2024).

Fortalecimiento del principio de solidaridad entre los Estados Miembros

Resulta fundamental establecer mecanismos de solidaridad intraeuropeos de carácter vinculante que permitan el mejor reparto de las responsabilidades entre los Estados Miembros. Adicionalmente, esto debería incluir otras medidas como la mayor relocalización de los solicitantes de asilo y refugiados, esencialmente desde los países fronterizos de la UE (CEAR, 2020).

Protección de las personas y garantía de derechos fundamentales

Resulta imprescindible que las políticas migratorias se apliquen con pleno respeto a los derechos humanos, en concordancia con las normas internacionales y europeas para garantizar la protección de estas personas y evitar cualquier vulneración de sus derechos fundamentales (González Enríquez, 2024).

Fortalecer la cooperación euroafricana

Es necesario establecer asociaciones y marcos de colaboración con países africanos que sean más sostenibles, equitativos y basados en el respeto mutuo para poder abordar de manera integral los distintos factores potenciadores de la migración. Adicionalmente, ello ayudaría a hacer más eficaz la herramienta de externalización de las fronteras de la UE (Galán, et al., 2024).

Incorporar la perspectiva africana en la creación de políticas

Estrechamente relacionado con el punto anterior, se propone integrar las perspectivas, opiniones y prioridades de los países africanos tanto en la elaboración como en la implementación de las políticas migratorias de la UE. De este modo, se fomentaría una mayor cooperación internacional con aquellos países que también sufren las consecuencias de estos flujos migratorios irregulares (Galán, et al., 2024).

Fomentar la creación de canales seguros y legales para la migración

Resulta fundamental establecer vías seguras y ordenadas para la migración que eviten o contribuyan a reducir la existente dependencia en las rutas irregulares y combatir, así, a las redes de crimen organizado. Asimismo, esto permitiría la continuación de la llegada de migración legal que resulta indispensable para la demografía y el mercado laboral de la UE (Galán, et al., 2024).

Ahora bien, en el marco de la lucha contra la trata de seres humanos y el tráfico de migrantes, cabe destacar la reciente propuesta de reglamento de la UE por parte de la Comisión Europea, cuyo objetivo es reforzar la cooperación internacional en materia de prevención, investigación y detección de estos dos fenómenos. Uno de los pilares de esta iniciativa es el refuerzo del papel de Europol a través del Centro Europeo de Lucha contra el Tráfico de Migrantes (EMSC). Para ello, resulta necesario establecer de manera legal el EMSC como centro de referencia para coordinar la respuesta a ambos fenómenos. Igualmente, debe potenciarse el intercambio de información y de datos entre los Estados Miembros y Europol a través del uso del sistema SIENA (Servicio de Estudios del Parlamento Europeo, 2024).

Paralelamente, resulta imprescindible la aplicación de la propuesta del Consejo de la UE de armonización del derecho penal en esta materia, pues esto permitiría a los Estados Miembros definir y sancionar el tráfico ilícito de migrantes de manera coherente y homogénea, estableciendo así un marco común en la lucha contra este tipo de tráfico ilegal, considerado prioritario para la UE (Consejo de la Unión Europea, 2024). Esta homogeneización normativa resulta, además esencial para el correcto funcionamiento de la actual Alianza Mundial contra el Tráfico de Migrantes dentro de la cual la UE forma parte (Comisión Europea, 2023).

De manera adicional, es fundamental continuar con la nueva Estrategia de lucha contra la trata de seres humanos 2021-2025 de la UE, a través de la cual se busca dar una respuesta integral a dicho problema con estos cuatro pilares: reducción de la demanda que da lugar a la trata, desarticulación de este modelo de negocio, protección a las víctimas, en especial a mujeres y niños y, la promoción de la cooperación internacional (Comisión Europea, 2021).

Por otro lado, con el objetivo de mejorar la gestión de las fronteras de la UE y prevenir amenazas terroristas como la posible infiltración de elementos yihadistas, se plantean las siguientes recomendaciones:

Diferenciar entre los fenómenos del terrorismo y migración

Es fundamental establecer una separación y distinción clara de los fenómenos de migración y del terrorismo, ya que aunque puedan presentar puntos de intersección, se trata de fenómenos distintos, con dinámicas y objetivos diferentes. Por tanto, requieren de políticas diferentes y adaptadas a cada caso pero, con la posibilidad de superponer la una con la otra (Tiekstra, 2019).

Mejora de los intercambios de información y refuerzo de las capacidades operativas

Resulta crucial fortalecer los mecanismos de intercambio de información entre las distintas autoridades nacionales y europeas de forma que se promueva una mayor cooperación tanto entre países del espacio Schengen como con los que se encuentran fuera. Para ello, se propone la implementación de un sistema común de consulta de bases de datos que permita un acceso rápido y colaborativo a la información, garantizando el respeto a los derechos humanos. En este sentido, el Nuevo Pacto de Migración y Asilo ya contempla la base de datos Eurodac para los solicitantes de asilo. No obstante, aunque este sistema todavía no contempla dicho intercambio con países extraeuropeos podría excepcionalmente considerar una colaboración de este estilo para la mejora de la gestión migratoria. Igualmente, resulta prioritario reforzar las capacidades operativas de los Estados Miembros para, con más recursos, poder gestionar y compartir eficazmente la información pertinente de manera adecuada (Tiekstra, 2019).

Adopción de una estrategia proporcional y estratégica

Elusión de respuestas exageradas mediante la implementación de un marco estratégico coherente y proporcional que permita abordar los desafíos y retos migratorios y de seguridad con eficacia (Tiekstra, 2019).

Por su parte, la Comandante Antúnez proporciona una serie de recomendaciones igualmente valiosas en lo que respecta al terrorismo y las redes de tráfico humano tanto en el ámbito español como europeo. Entre ellas, destacan las siguientes:

Análisis del nexo terrorismo-crimen organizado

Reconocer y profundizar en el estudio del nexo entre terrorismo y crimen organizado debe ser una prioridad para las instituciones para poder intervenir más eficazmente sobre esta convergencia, que como se ha evidenciado a lo largo de este trabajo, resulta clave en la expansión del terrorismo yihadista (Antúnez Olivas, 2024).

Mayor control de los fondos de ayudas

Resulta esencial fortalecer los mecanismo de control sobre los fondos de ayudas procedentes tanto de la UE como de la ONU para poder evitar que estas financiaciones acaben en manos de grupos terroristas o redes criminales, como viene sucediendo. Para ello, se propone la aprobación de leyes de transparencia que permitan una mayor supervisión de la financiación de estos proyectos, como los que derivan de los Fondos de Desarrollo de la UE, con el objetivo de acabar de una vez con la financiación directa o indirecta de estos grupos (Antúnez Olivas, 2024).

Fortalecimiento de la inteligencia financiera

Es necesario reforzar las capacidades de la inteligencia financiera mediante el refuerzo de grupos especializados como el Centro de Inteligencia contra el Terrorismo y el Crimen Organizado (CITCO) en España. De esta manera, se potenciaría el desempeño de la labor de coordinación de la lucha contra la financiación tanto del crimen organizado como del terrorismo, garantizando una respuesta más integral (Antúnez Olivas, 2024).

Refuerzo de los controles fronterizos

Es necesario reforzar los controles fronterizos, en especial aquellos relacionados con la ruta a las Islas Canarias la cual, como hemos ido señalando en el trabajo, se ha constituido como una puerta de acceso y de financiación al terrorismo, en especial, de aquel procedente del Sahel. Por tanto, este refuerzo debe ir más allá del aspecto policial, extendiéndose a los ámbitos de la inteligencia, la prevención y la vigilancia económica para dar una respuesta más integral y eficaz a estas amenazas híbridas (Antúnez Olivas, 2024).

Promoción de la diplomacia de la defensa

Se debe impulsar la diplomacia de las defensa con la reactivación de operaciones militares en la región, así como la puesta en marcha de una acción exterior activa en materia de seguridad y defensa para contener la expansión del yihadismo (Antúnez Olivas, 2024).

Priorización del Sahel como región estratégica

El Sahel debe consolidarse como una prioridad estratégica tanto para España como para la UE, por las distintas implicaciones de seguridad que tiene en ambos espacios. Es más, su estabilización no sólo contribuiría a frenar el yihadismo sino que también fomentaría una mayor seguridad en el Mediterráneo. Adicionalmente, se debe prestar mucha atención, no sólo a la región de África Subsaharianas sino también al Golfo de Guinea por las tendencias terroristas que parecen estar proliferando en el territorio (Antúnez Olivas, 2024).

Dentro de dicha región, se debe fortalecer la presencia de los Estados sahelianos para evitar que los grupos yihadistas ocupen el vacío de poder actual. Esta acción debe ir acompañada de un mayor desarrollo socioeconómico, dada la estrecha relación de la seguridad y el desarrollo (Fuente Cobo y Herranz Lespagnol, 2018). Ya por último, puede que haya llegado la hora de replantearse el retorno de operaciones militares en la región, adaptadas a la realidad actual y en colaboración con los actores locales y regionales para conseguir una mayor aceptación, y en consecuencia, una mayor efectividad.

CONCLUSIONES

A lo largo de este TFM se ha analizado en profundidad la creciente convergencia entre las redes de tráfico humano, a través del corredor Sahel-Canarias, y el terrorismo yihadista, fenómenos cada vez más complejos y más peligrosos para la seguridad actual tanto de España como de la UE. Así, este trabajo de investigación ha permitido sacar a la luz una amenaza híbrida, transnacional y en expansión, que exige respuestas adaptadas, sostenidas e integrales.

En primer lugar, se ha evidenciado que el Sahel constituye una región extremadamente fracturada desde los puntos de vista políticos, socioeconómicos, medioambientales y demográficos. Las debilidades estructurales de los Estados sahelianos, junto con los efectos del cambio climático, la explosión demográfica actual y futura derivada de las altas tasas de fertilidad y la previsión de alcanzar los 200 millones de habitantes para el 2050, así como las consecuencias de una colonización fallida, han favorecido la aparición de un entorno en constante cambio. Es más, este caldo de cultivo ha dado lugar a la proliferación paulatina de grupos armados o terroristas, insurgentes y redes de criminalidad organizada, que se han ido afianzando en la región, aprovechando los distintos vacíos de poder. Los grupos terroristas, en particular, son los actores que más han sabido aprovechar la situación con el objetivo de mejorar su posicionamiento en la región, así como han demostrado que poseen estructuras altamente flexibles y con gran capacidad de adaptación a los cambios en el entorno.

En segundo lugar, con este estudio se ha vislumbrado cómo la actividad de los actores yihadistas, tales como AQMI, JNIM o Boko Haram ya no se limita exclusivamente a violencia política sino que, cada vez más recurren a las redes criminales tanto para financiarse como para expandir su influencia y proteger sus acciones u operaciones. En este sentido, los tráficos ilícitos de armas, drogas, recursos naturales y seres humanos han pasado a convertirse en sólidas fuentes de financiación, así como en herramientas estratégicas a la hora de controlar territorios y someter a las poblaciones locales. En este contexto, el tráfico humano, en especial, a través de rutas con destino Europa como la Ruta Atlántica, ha ido ganando peso tanto por su valor económico como por la logística y posibilidades de infiltración que otorgan.

A este respecto, el corredor Sahel-Canarias se presenta como una vía emergente que comienza a consolidarse como puerta de acceso al continente europeo, a través de territorio español, por parte tanto de migrantes irregulares como de individuos pertenecientes a redes de crimen organizado y terroristas. Es más, la ubicación geoestratégica de las Islas Canarias, las ha convertido en un punto extremadamente caliente en lo que respecta a la llegada de los flujos migratorios irregulares, especialmente, en los últimos años. No obstante, si bien todavía no se puede establecer una relación sólida y automática entre inmigración y terrorismo, la falta de control efectivo en estas rutas, así como la debilidad y saturación de los distintos mecanismos como los de detección, crean un escenario idóneo para la infiltración individuos terroristas, lo cual contribuye a incrementar los riesgos derivados de la inmigración irregular.

La posibilidad de instrumentalización de los flujos de migración irregular se manifiestan no sólo para la propia infiltración, sino también como mecanismo de financiación, reclutamiento o incluso desestabilización de los distintos países receptores. La propaganda yihadista además juega un papel clave con respecto a la amplificación de estos movimientos y procesos, al incitar a individuos a migrar para la consecución de una serie de objetivos. Esto, por tanto, refuerza los componentes transnacionales y transfronterizos del fenómeno, expandiendo su influencia, así como sus áreas de actuación a fenómenos aparentemente no violentos como podrían ser los flujos migratorios.

En términos de seguridad, este fenómeno plantea retos considerables tanto para España como para la UE. El análisis ha permitido demostrar que los distintos esfuerzos y actuaciones actuales en materia de seguridad, así como la promoción de acuerdos bilaterales con terceros países, no resultan suficientes a la hora de hacer frente a esta amenaza, cada vez más compleja. Por todo ello, resulta altamente necesario y urgente adoptar una visión más ambiciosa y estructural que combine instrumentos como la inteligencia, las políticas de promoción del desarrollo sostenible y la cooperación policial y judicial para abordar la región objeto de estudio.

Igualmente, este trabajo resalta la importancia de repensar el marco europeo de gestión migratoria. Para ello, se debe avanzar hacia un equilibrio entre la seguridad, solidaridad y pleno respeto a los derechos humanos que sirva, también, para evitar en todo lo posible respuestas desproporcionadas e inadecuadas a dicho problema.

Asimismo, otro elemento clave que se debería destacar en este trabajo es la necesidad de reforzar el papel de la cooperación internacional y su consolidación como eje vertebrador en la elaboración de respuestas más eficaces. Es decir, para luchar contra estos fenómenos de manera eficaz se debe fomentar la coordinación regional y multilateral, la consolidación de alianzas con los Estados sahelianos y del Golfo de Guinea, reforzar tanto el apoyo a las misiones de la UE vigentes como la posible implementación de más operaciones sobre terreno, si bien esto resulta cada vez más complejo derivado de la creciente presencia de potencias como Rusia o China en África, y la mayor implicación activa del plano internacional mediante organismos como las Naciones Unidas. Sólo a través de ello, se podrá elaborar una buena estrategia europea y española en la lucha contra el terrorismo y las redes criminales.

En definitiva, este TFM ha demostrado que la convergencia entre el yihadismo y las redes de tráfico humano a través del corredor Sahel-Canarias, representa una amenaza creciente y ciertamente sistemática, lo que requiere de respuestas multidimensionales y transversales. Es más, sólo a través de un enfoque integral, que aborde las causas estructurales del problema y promueva una cooperación efectiva en todos los niveles, será posible reducir los riesgos que esta dinámica representa para la seguridad, estabilidad e incluso valores de nuestras sociedades.

BIBLIOGRAFÍA

Artículos de revista/ académicos

Aguilera, A. (2025). Actividad yihadista en el Magreb y en África Occidental en 2024. *Anuario del terrorismo yihadista 2024. Observatorio Internacional de Estudios sobre Terrorismo* (pp. 60-91). https://observatorioterrorismo.com/eedyckaz/2025/03/ES-ANUARIO-OIET-2024.pdf

Aguilera, Ana. (2024). Actividad Yihadista en el Magreb y África Occidental en 2023. *Anuario del Terrorismo Yihadista 2023. Observatorio Internacional de Estudios del Terrorismo* (pp. 62-90). https://observatorioterrorismo.com/actividades/anuario-del-terrorismo-yihadista-2023/

Álvarez, F. (2018). *Migración y seguridad: perspectivas de Europa.* Boletín IEEE (Instituto Español de Estudios Estratégicos), (12), 733–751. https://dialnet.unirioja.es/servlet/articulo?codigo=6959980

Ávila Solana, E. (2020). *Europa frente a los problemas del Sahel. Proyecto GARSI SAHEL.* En Cuadernos de la Guardia Civil: Revista de seguridad pública (N.º 60). Ministerio del Interior, Guardia Civil. https://repositorio.comillas.edu/rest/bitstreams/431488/retrieve#page=7

Anguita Olmedo, C. & González Gómez del Miño, P. (2019). El Sahel: dimensión transfronteriza y dinámicas geopolíticas. *Geopolítica (s): Revista de estudios sobre espacio y poder* 2 (10) (pp. 281-303). Dialnet. https://dialnet.unirioja.es/servlet/articulo?codigo=7458474

Ballesteros Martín, B. A. (2015). Análisis geopolítico del Sahel. *Cuadernos de Estrategia 176* (pp. 9-22) Ministerio de Defensa. Dialnet. https://dialnet.unirioja.es/servlet/articulo?codigo=5270491

Campillo, E. (2023). Nexos entre el terrorismo y el narcotráfico en el Sahel. ¿Narcoterrorismo?. *RIET (Revista Internacional de Estudios sobre Terrorismo,* (8), 48-60. https://dialnet.unirioja.es/servlet/articulo?codigo=9123823

Cuneo, P. (2019). Terrorismo y criminalidad organizada: el sistema de "conflicto permanente" en el Sahel. *Revista del Instituto Español de Estudios Estratégicos,* (13), 15-46. https://dialnet.unirioja.es/servlet/articulo?codigo=6956646

De la Corte Ibañez, L. (2013). ¿Hasta qué punto convergen el terrorismo global y la criminalidad organizada?. Parámetros generales y escenarios críticos. *Revista del Instituto Español de Estudios Estratégicos,* (2), 149-176. https://dialnet.unirioja.es/servlet/articulo?codigo=4275886

Fuente Cobo, I. (2014). *La amenaza híbrida: Yihadismo y crimen organizado en el Sahel. Pre-bie3,* (6). https://dialnet.unirioja.es/servlet/articulo?codigo=7685997

Herrero, R., & Machín, N. (2015). *El eje Magreb-Sahel: la amenaza del terrorismo [The Maghreb–Sahel axis: The threat of terrorism].* Revista UNISCI, (39), 189–200. https://dialnet.unirioja.es/servlet/articulo?codigo=5366679

Núñez Cifuentes, A. (2020). Sahel y financiación terrorista: diversidad y oportunidades del sistema financiero. *Boletín Instituto Español de Estudios Estratégicos 18.* https://dialnet.unirioja.es/servlet/articulo?codigo=7552113

Mora Tebas, J. (2023). *Sahel: epicentro de Migraciones en África Occidental.* Cuadernos de Estrategia, (222), 307-331. https://dialnet.unirioja.es/ejemplar/647662

Rodríguez Camejo, R. (2021). Migración, seguridad y falta de solidaridad en la Unión Europea. *Revista Internacional de Estudios Migratorios,* 11(1), 81–109. https://dialnet.unirioja.es/servlet/articulo?codigo=8675095

Sánchez Herráez, P. (2022). El Sahel: epicentro yihadista en África Occidental. *Cuadernos de Estrategia,* (214), 79-127. https://dialnet.unirioja.es/servlet/articulo?codigo=8756243

Townsend, J. & Mili, H. (2010). *Human Smuggling and Trafficking: An International Terrorist Security Risk?.* CTC Sentinel, 1(6), 9-11. Combating Terrorism Center at West Point. https://ctc.westpoint.edu/wp-content/uploads/2010/06/Vol1Iss6-Art4.pdf

Capítulos de libros/Libros

Calvo Abero, J. L. (2024). Magreb-Sahel, la tormenta que viene. En Ministerio de Defensa e Instituto Español de Estudios Estratégicos (Eds.), *Cuadernos de Estrategia, Geopolítica del Poder Militar* (pp. 155-177). Ministerio de Defensa. https://publicaciones.defensa.gob.es/media/downloadable/files/links/g/e/geopol_tica_del_poder_militar_ce_224.pdf

Castien Maestro, J. I., Aznar Fernández-Montesinos, F., & Cheikh Agné, M. (2018). Introducción. En J. I. Castien Maestro (Dir.), *Documentos de Seguridad y Defensa 78: Panorámica histórica y etnográfica del Sahel* (pp. 9-16). Ministerio de Defensa. Dialnet. https://dialnet.unirioja.es/servlet/libro?codigo=718354

Echevarría Jesús, C. (2014). Yihadismo en el Mundo Actual. *Documentos de Seguridad y Defensa 62* (pp.85-107). Ministerio de Defensa.

Echeverría Jesús, C. (2019). *El Sahel. Tráfico y terrorismo.* En F. J. Dacoba Cerviño (Ed.), *El Sahel y G5: desafíos y oportunidades* (pp. 67-102). Cuadernos de Estrategia, (202). Instituto Español de Estudios Estratégicos. https://publicaciones.defensa.gob.es/el-sahel-y-g5-desafios-y-oportunidades-n-202-libros-papel.html

Fuente Cobo, I. (2018). Introducción. La brecha Norte Sur como fuente de preocupación estratégica. En Ministerio de Defensa e Instituto Español de Estudios Estratégicos (Eds.), *Cuadernos de Estrategia 198: Retos diversos a la seguridad. Una visión desde España* (pp. 9-27). Ministerio de Defensa. https://publicaciones.defensa.gob.es/media/downloadable/files/links/c/e/ce_198.pdf

Fuente Cobo, I. & Domínguez Donaire, V. (2018). Presente y futuro de la seguridad y defensa de la Unión Europea. En Ministerio de Defensa e Instituto Español de Estudios Estratégicos (Eds.), *Cuadernos de Estrategia 198: Retos diversos a la seguridad. Una visión desde España* (pp. 31-65). Ministerio de Defensa. https://publicaciones.defensa.gob.es/media/downloadable/files/links/c/e/ce_198.pdf

Fuente Cobo, I. & Herranz Lespagnol, A. (2018). Seguridad y desarrollo sostenible en el Sahel: un enfoque regional. En Ministerio de Defensa e Instituto Español de Estudios Estratégicos (Eds.), *Cuadernos de Estrategia 198: Retos diversos a la seguridad. Una visión desde España* (pp. 145-225). Ministerio de Defensa. https://publicaciones.defensa.gob.es/media/downloadable/files/links/c/e/ce_198.pdf

Garrido Guijarro, O. (2024). Reinventando Wagner: Africa Corps llega al Sahel. En Ministerio de Defensa e Instituto Español de Estudios Estratégicos (Eds.), Documento de Análisis del Instituto Español de Estudios Estratégicos (IEEE). *Boletín Nº33 Instituto Español de Estudios Estratégicos (IEEE)* (pp. 371-388). https://publicaciones.defensa.gob.es/media/downloadable/files/links/b/o/boletin_ieee_33_.pdf

González del Miño, P. (2018). El Mediterráneo y la migración ilegal. El tráfico humano. En Ministerio de Defensa e Instituto Español de Estudios Estratégicos (Eds.), *Documentos de Seguridad y Defensa: Mares Violentos.* (pp. 129-155). Ministerio de Defensa.

Ministerio de Defensa de España. (2018). *Retos diversos a la seguridad. Una aproximación multidisciplinar.* En Ministerio de Defensa e Instituto Español de Estudios Estratégicos (Cuadernos de Estrategia, Nº 198) https://publicaciones.defensa.gob.es/media/downloadable/files/links/c/e/ce_198.pdf

Mora Tebas, J. A. (2023). Sahel: epicentro de Migraciones en África Occidental. En Ministerio de Defensa e Instituto Español de Estudios Estratégicos (Eds.), *Cuadernos de Estrategia 222* (pp 307-331). Ministerio de Defensa. DIALNET. https://dialnet.unirioja.es/ejemplar/647662

Comunicaciones oficiales

Comisión Europea. (2020). *Comunicación de la Comisión al Parlamento Europeo, al Consejo Europeo, al Consejo, al Comité Económico y Social Europeo y al Comité de las Regiones sobre la Estrategia de la UE para una Unión de la Seguridad* (COM(2020) 605 final). https://eur-lex.europa.eu/legal-content/ES/TXT/PDF/?uri=CELEX:52020DC0605

Oficina de las Naciones Unidas contra el Terrorismo (UNOCT) & Comunidad Económica de Estados de África Occidental (CEDEAO). (2023, 22 de septiembre). Comunicado de prensa: *OCT y CEDEAO firman un acuerdo para fortalecer la cooperación en materia de prevención y lucha contra el terrorismo en África Occidental* https://www.un.org/counterterrorism/sites/www.un.org.counterterrorism/files/230922_press_release_mou_signing_unoct_ecowas.pdf

Oficina de las Naciones Unidas contra el Terrorismo (UNOCT). (2024, 4 de junio). Comunicado de prensa: *Los jefes de las agencias africanas de lucha contra el terrorismo y de seguridad debaten sobre la evolución del análisis de inteligencia en el contexto de la lucha contra el terrorismo.* https://www.un.org/counterterrorism/sites/www.un.org.counterterrorism/files/20240604_press_release-marrakech_platform_rev.pdf

Datos estadísticos institucionales

Ministerio del Interior. (2025). *Operaciones y detenidos por terrorismo yihadista desde los atentados del 11 de marzo de 2004.* https://www.interior.gob.es/opencms/pdf/prensa/balances-e-informes/Lucha-contra-el-terrorismo/Lucha-antiterrorista-contra-ETA-y-el-terrorismo-internacional-XV-Legislatura-Agosto-2023/OPERACIONES-Y-DETENIDOS-TERRORISMO-YIHADISTA-DESDE-LOS-ATENTADOS-DEL-11-MARZO-2004-10-04-2025.pdf

Ministerio del Interior. (2025). *Tabla de detenidos por terrorismo internacional.* https://www.interior.gob.es/opencms/pdf/prensa/balances-e-informes/Lucha-contra-el-terrorismo/Lucha-antiterrorista-contra-ETA-y-el-terrorismo-internacional-XV-Legislatura-Agosto-2023/20250410-TABLA-DETENIDOS-TERRORISMO-INTERNACIONAL-10-04-2025.pdf

Documentos estratégicos

Consejo de la Unión Europea. (2003). *Una Europa segura en un mundo mejor: Estrategia Europea de Seguridad.* https://www.consilium.europa.eu/media/30808/qc7809568esc.pdf

Oficina de las Naciones Unidas contra la Droga y el Delito (UNODC). (2021). *Estrategia de la UNODC 2021–2025.* https://www.unodc.org/unodc/es/strategy/full-strategy.html

Documento oficial del Gobierno de España

Ministerio de la Presidencia, Justicia y Relaciones con las Cortes. (2024). *Orden PJC/406/2024, de 7 de mayo, por la que se publica la Estrategia Nacional contra el Terrorismo 2023, aprobada por el Consejo de Seguridad Nacional.* Boletín Oficial del Estado, núm. 112. https://www.boe.es/boe/dias/2024/05/08/pdfs/BOE-A-2024-9149.pdf

Informes

Aguilera, A. (2024). *Terrorismo, trata de seres humanos y contrabando de migrantes. Análisis de situación en África y Oriente Medio.* Observatorio Internacional de Estudios sobre Terrorismo (OIET). https://observatorioterrorismo.com/actividades/terrorismo-trata-de-seres-humanos-y-contrabando-de-migrantes-en-africa-y-oriente-medio/

Aguilera, A. (2024). *Terrorismo, trata de personas y contrabando de migrantes: Análisis de situación en África y Oriente Medio.* Observatorio Internacional de Estudios sobre Terrorismo (OIET). https://observatorioterrorismo.com/eedyckaz/2024/06/OIET-terrrorismo-y-trata-.pdf

Aguilera, A. (2023). *Terrorismo y crimen organizado: tráfico y contrabando de armas en el norte de África y el Sahel.* Observatorio Internacional de Estudios sobre Terrorismo https://observatorioterrorismo.com/actividades/terrorismo-y-crimen-organizado-trafico-y-contrabando-de-armas-en-el-norte-de-africa-y-el-sahel/

Amnistía Internacional. (2021). *Canarias: un año de análisis, décadas de fracaso de políticas migratorias.* (Informe de Amnistía Internacional). https://www.es.amnesty.org/fileadmin/user_upload/Informe-Amnistia-Canarias-OPTIMIZADO.pdf

Antúnez Olivas, M. I. (2024). *La financiación del terrorismo y su incidencia en la seguridad y defensa.* Ministerio de Defensa. https://publicaciones.defensa.gob.es/la-financiacion-del-terrorismo-internacional-y-su-incidencia-en-la-seguridad-y-la-defensa-libros-ibd.html

Ballesteros Martín, M. A. (2013). El valor geoestratégico de las Islas Canarias. (Documento de Análisis Instituto Español de Estudios Estratégicos, (IEEE)). DIALNET. https://dialnet.unirioja.es/servlet/articulo?codigo=7477116

Calduch Cervera, R. (2013). Impacto estratégico de la crisis del Sahel. *Panorama Estratégico 2013* (pp 115-138). Ministerio de Defensa. Dialnet. https://dialnet.unirioja.es/servlet/articulo?codigo=4184257

Comisión Española de Ayuda al Refugiado (CEAR). (2016). *Movimientos migratorios en España y Europa.* (Programa de Información y Sensibilización para la Promoción de una Sociedad sin Discriminación). https://www.cear.es/wp-content/uploads/2017/02/Informe-rutas-migratorias.pdf

Comisión Española de Ayuda al Refugiado (CEAR). (2020). *Nuevo Pacto Europeo sobre Migración y Asilo.* Comisión Española de Ayuda al Refugiado. https://www.cear.es/wp-content/uploads/2020/10/NUEVO-PACTO-UE-SOBRE-MIGRACIO%CC%81N-Y-ASILO.pdf

Comisión Europea. (2024, 3 de octubre). *Informe de la Comisión al Parlamento Europeo, al Consejo, al Comité Económico y Social Europeo y al Comité de las Regiones sobre la implementación de la Comunicación titulada «Dar prioridad a las personas, asegurar el crecimiento sostenible e inclusivo y liberar el potencial de las regiones ultraperiféricas de la UE».* (COM(2024) 435 final). https://eur-lex.europa.eu/legal-content/ES/TXT/PDF/?uri=CELEX:52024DC0435

Departamento de Seguridad Nacional. (2025, abril). *Informe Anual de Seguridad Nacional 2024.* Presidencia del Gobierno. (NIPO: 143-24-009-6).

Domínguez Iribarren, F. (Dir.). (2023). *Balance del terrorismo en España 2022* (Cuadernos del Centro Memorial de las Víctimas del Terrorismo, n.º 13). Fundación Centro para la Memoria de las Víctimas del Terrorismo. https://www.memorialvt.com/wp-content/uploads/2023/08/FCMVTcuadernos13-1.pdf

Eguegu, O. (2024). *Seguridad y migraciones en África Occidental: La inestabilidad en el Sahel como factor clave.* En Fundación Alternativas (Ed.), Informe África 2024 (pp. 13–26). Fundación Alternativas. https://fundacionalternativas.org/wp-content/uploads/2024/04/DIGITAL_Informe_Africa_2024_V5.pdf

Europol. (2024). *European Union Terrorism Situation and Trend Report 2024* (TE-SAT 2024). https://www.europol.europa.eu/cms/sites/default/files/documents/TE-SAT%202024.pdf

Financial Action Task Force (FATF), Inter-Governmental Action Group against Money Laundering in West Africa (GIABA), & Task Force on Money Laundering in Central Africa (GABAC). (2016). *Terrorist Financing in West and Central Africa.* https://www.fatf-gafi.org/en/publications/Methodsandtrends/Terrorist-financing-west-central-africa.html

FRONTEX. (2021). *Risk Analysis for 2021.* (FRONTEX Annual Risk Analysis Report). https://www.frontex.europa.eu/publications/risk-analysis-for-2021-MmzGl0

FRONTEX. (2022). *Risk Analysis for 2022-2023.* (FRONTEX Annual Risk Analysis Report). https://www.frontex.europa.eu/publications/risk-analysis-for-2022-2023-RfJIVQ

FRONTEX. (2023). *Risk Analysis for 2023-2024.* (FRONTEX Annual Risk Analysis Report). https://www.frontex.europa.eu/publications/risk-analysis-for-2023-2024-IqbX2a

UNHCR. (2024). *Spain Profiling of new arrivals, Enero-Diciembre 2023.* The UN Refugee Agency. https://data.unhcr.org/en/documents/details/110174

FRONTEX. (2024). *Annual Brief 2023.* (FRONTEX Publications). https://www.frontex.europa.eu/assets/Publications/General/Annual_Brief_2023.pdf

FRONTEX. (2024). *Strategic Risk Analysis Report 2024*. (FONTEX Strategic Risk Analysis Report 2024). https://www.frontex.europa.eu/media-centre/news/news-release/frontex-releases-strategic-risk-analysis-2024-Zjqtoj

Frontex. (2024). *Strategic Risk Analysis 2024*. European Border and Coast Guard Agency. https://www.frontex.europa.eu/assets/Publications/Risk_Analysis/Risk_Analysis/Strategic_Risk_Analysis_2024_Report.pdf

Fuente Cobo, I. (2018). Yihadismo en el Sahel: la expansión de la amenaza oscura. *Documento de Análisis del Instituto Español de Estudios Estratégicos (IEEE)*. Dialnet. https://dialnet.unirioja.es/servlet/articulo?codigo=6467936

Galán, E., Díaz, N., Laorden Gómez-Pavón, V., & Sánchez-Calero Morales, C. (2024). *Capítulo 4. Análisis crítico del Pacto Europeo de Asilo y Migración y su impacto en los países africanos*. En Fundación Alternativas (Ed.), Informe África 2024 (pp. 57–69). Fundación Alternativas. https://fundacionalternativas.org/wp-content/uploads/2024/04/DIGITAL_Informe_Africa_2024_V5.pdf

Garrido Guijarro, O. (2024). La expansión del yihadismo desde el Sahel a los países costeros del golfo de Guinea. *Documento de Análisis del Instituto Español de Estudios Estratégicos (IEEE)*. Dialnet. https://dialnet.unirioja.es/servlet/articulo?codigo=9279289

Global Initiative Against Transnational Organized Crime. (2023). Índice global de crimen organizado 2023. https://globalinitiative.net/wp-content/uploads/2023/09/I%CC%81ndice-global-de-crimen-organizado-2023.pdf

González Enríquez, C. (2024). *El Pacto de Migración y Asilo de la Unión Europea. Contexto, desafíos y limitaciones*. Real Instituto Elcano. https://clientes.franciscomorales.es/wp-content/uploads/Gonzalez-Enriquez-jul-2024.pdf

Iglesias, C., Salgado, I., & Mancebo, N. (2024). *1994-2004: se cumplen 30 años del inicio de la Ruta Canaria. Instrumentalización de la migración en Libia. Migración e Integración: Un estudio comparativo de las estrategias en España y Portugal*. Organización para el Fomento de los Estudios Internacionales. EL FOCO N°38. https://www.fei.org.es/wp-content/uploads/2024/11/ELFOCO-N38.pdf

Institute for Economics & Peace (IEP). (2024). Global Terrorism Index 2024: Measuring the Impact of Terrorism. *Institute for Economics & Peace (IEP)*. https://www.economicsandpeace.org/wp-content/uploads/2024/02/GTI-2024-web-290224.pdf

INTERPOL. (2023). *Project Turquesa: Fighting human trafficking and migrant smuggling in the Americas*. INTERPOL y UNODC.

Liang, C. S. (2016). *The criminal-jihadist: Insights into modern terrorist financing*. Strategic Security Analysis (No. 10).. Geneva Centre for Security Policy (GCSP). https://dam.gcsp.ch/files/2y10TflBzyeiQACfYZl2yYpaGuBhSe3KV8jrjljD8vV3iRFQyrikhop2

Lobez, C. (2023). *Objectivation des flux migratoires en provenance du Sahel vers l'Europe*. Institut de Relations Internationales et Stratégiques (IRIS). https://www.iris-france.org/wp-content/uploads/2023/04/Note-9-Obs-Sahel_Version-web.pdf

Lounnas, D. (2018). *The Links Between Jihadi Organizations and Illegal Trafficking in the Sahel*. Middle East and North Africa Regional Architecture (MENARA) Working Papers, (25). https://www.iai.it/sites/default/files/menara_wp_25.pdf

López Sala, A. M. (2006). Política migratoria e inmigración irregular a través de las embarcaciones: el caso del archipiélago canario. En CIDOB (Eds.), Anuario CIDOB de inmigración y políticas de inmigración en España, 2007 (pp. 226-244). https://raco.cat/index.php/AnuarioCIDOBInmigracion/article/view/355912/447879

Molenaar, F., Tubiana, J., & Warin, C. (2018). *Caught in the middle: A human rights and peace-building approach to migration governance in the Sahel*. Clingendael Institute. https://www.clingendael.org/publication/human-rights-approach-migration-governance-sahel

Ministerio del Interior. (2018). *Inmigración Irregular, datos acumulados del 1 de enero al 31 de diciembre de 2018*. (Informe Quincenal del Ministerio del Interior). https://www.interior.gob.es/opencms/pdf/prensa/balances-e-informes/2018/24_informe_quincenal_acumulado_01-01_al_31-12-2018.pdf

Ministerio del Interior. (2019). *Inmigración Irregular, datos acumulados del 1 de enero al 31 de diciembre de 2019.* (Informe Quincenal del Ministerio del Interior). https://www.interior.gob.es/opencms/pdf/prensa/balances-e-informes/2019/informe_quincenal_acumulado_01-01_al_31-12-2019.pdf

Ministerio del Interior. (2020). *Inmigración Irregular, datos acumulados del 1 de enero al 31 de diciembre de 2020.* (Informe Quincenal del Ministerio del Interior). https://www.interior.gob.es/opencms/pdf/prensa/balances-e-informes/2020/Informe-Quincenal-sobre-Inmigracion-Irregular-Datos-acumulados-desde-el-1-de-enero-al-31-de-diciembre-de-2020.pdf

Ministerio del Interior. (2021). *Inmigración Irregular, datos acumulados del 1 de enero al 31 de diciembre de 2021.* (Informe Quincenal del Ministerio del Interior). https://www.interior.gob.es/opencms/pdf/prensa/balances-e-informes/2021/24_informe_quincenal_acumulado_01-01_al_31-12-2021.pdf

Ministerio del Interior. (2022). *Inmigración Irregular, datos acumulados del 1 de enero al 31 de diciembre de 2022.* (Informe Quincenal del Ministerio del Interior). https://www.interior.gob.es/opencms/export/sites/default/.galleries/galeria-de-prensa/documentos-y-multimedia/balances-e-informes/2022/24_informe_quincenal_acumulado_01-01_al_31-12-2022.pdf

Ministerio del Interior. (2023). *Inmigración Irregular, datos acumulados del 1 de enero al 31 de diciembre de 2023.* (Informe Quincenal del Ministerio del Interior). https://www.interior.gob.es/opencms/export/sites/default/.galleries/galeria-de-prensa/documentos-y-multimedia/balances-e-informes/2023/24_informe_quincenal_acumulado_01-01_al_31-12-2023.pdf

Ministerio del Interior. (2024). *Inmigración Irregular, datos acumulados del 1 de enero al 31 de diciembre de 2024.* (Informe Quincenal del Ministerio del Interior). https://www.interior.gob.es/opencms/export/sites/default/.galleries/galeria-de-prensa/documentos-y-multimedia/balances-e-informes/2024/24_informe_quincenal_acumulado_01-01_al_31-12-2024.pdf

Organización Internacional para las Migraciones (OIM). (2024). *Informe sobre las migraciones en el mundo 2024.* https://publications.iom.int/books/world-migration-report-2024

Panel de Expertos sobre Mali. (2021). Carta de fecha 17 de febrero de 2021 del Grupo de Expertos establecido en virtud de la resolución 2374 (2017) sobre Malí dirigida al Presidente del Consejo de Seguridad. *Informe de mitad de período del Grupo de Expertos sobre Malí.* Consejo de Seguridad de las Naciones Unidas. https://www.securitycouncilreport.org/atf/cf/%7B65BFCF9B-6D27-4E9C-8CD3-CF6E4FF96FF9%7D/S_2021_151.pdf

Raleigh, C., Nsaibia, H., & Dowd, C. (2023). The Sahel Crisis since 2012 (Version 1). *University of Sussex.* https://sussex.figshare.com/articles/journal_contribution/The_Sahel_crisis_since_2012/23478347?file=41187506

Schmid, A. P. (2016). *Links between terrorism and migration: An exploration.* International Centre for Counter-Terrorism. JSTOR. https://www.jstor.org/stable/resrep29396?seq=1

Servicio de Estudios del Parlamento Europeo (EPRS). (2024). *Stronger role for Europol to fight migrant smuggling and human trafficking* (Briefing Eu Legislation in Progress, EPRS_BRI(2024)760364). Parlamento Europeo. https://www.europarl.europa.eu/RegData/etudes/BRIE/2024/760364/EPRS_BRI(2024)760364_EN.pdf

Tiekstra, W. (2019). *Free movement threatened by terrorism: An analysis of measures proposed to improve EU border management.* International Centre for Counter-Terrorism. https://icct.nl/publication/free-movement-threatened-terrorism-analysis-measures-proposed-improve-eu-border

United Nations Office on Drugs and Crimes. (2024). *Impact of Transnational organized crime on stability and development in the Sahel.* Recuperado de https://www.unodc.org/documents/data-and-analysis/tocta_sahel/TOCTA_Sahel_Transversal_2024.pdf

United Nations Security Council Counter-Terrorism Committee Executive Directorate. (2019). *Identifying and exploring the nexus between human trafficking, terrorism and terrorism financing.* United Nations. https://www.un.org/securitycouncil/ctc/sites/www.un.org.securitycouncil.ctc/files/files/documents/2021/Jan/ht-terrorism-nexus-cted-report.pdf

United Nations Office on Drugs and Crime (UNODC). (2023). *Smuggling of Migrants in the Sahel.* Transnational Organised Crime Threat Assessment. TOCTA Sahel. https://www.unodc.org/documents/data-and-analysis/tocta_sahel/TOCTA_Sahel_som_2023.pdf

United Nations Office on Drugs and Crime (UNODC). (2024). *Links Between Smuggling of Migrants and Other Forms of Organized Crime Along the Central and Western Mediterranean Routes.* https://www.unodc.org/romena/uploads/documents/2024/Links_between_smuggling_of_migrants_and_organized_crime_along_the_Central_and_Western_Mediterranean_routes_Digital_1.pdf

van der Lijn, J., Baudais, V., Hickendorff, A., Williams, P. D., Acko, I., Maïga, S., & Yusuf Ali, H. (2022). *EU Military Training Missions: A Synthesis Report.* Stockholm International Peace Research Institute. https://www.sipri.org/sites/default/files/2022-05/2205_eutm_synthesis_paper_0.pdf

Normativa oficial española

Gobierno de España. (2024, 19 de noviembre). *Real Decreto 1155/2024, de 19 de noviembre, por el que se aprueba el Reglamento de la Ley Orgánica 4/2000, de 11 de enero, sobre derechos y libertades de los extranjeros en España y su integración social.* Boletín Oficial del Estado, núm. 280, 20 de noviembre de 2024. https://www.boe.es/buscar/act.php?id=BOE-A-2024-24099

Normativa oficial de la UE

Consejo de la Unión Europea. (2024, 18 de noviembre). *Decisión (PESC) 2024/2905 del Consejo, de 18 de noviembre de 2024, por la que se nombra al Representante Especial de la Unión Europea para el Sahel.* Diario Oficial de la Unión Europea, L 2024/2905, 19.11.2024. https://eur-lex.europa.eu/legal-content/EN/TXT/PDF/?uri=CELEX:32024D2905

Council of the European Union. (2019). *Council Implementing Decision (CFSP) 2019/29 of 9 January 2019 implementing Decision (CFSP) 2017/1775 concerning restrictive measures in view of the situation in Mali.* Official Journal of the European Union, L 8, 30-32. https://eur-lex.europa.eu/legal-content/EN/TXT/PDF/?uri=CELEX:32019D0029

Nota de prensa

FRONTEX. (2025). *Irregular border crossings into EU drop sharply in 2024.* FRONTEX. https://www.frontex.europa.eu/media-centre/news/news-release/irregular-border-crossings-into-eu-drop-sharply-in-2024-oqpweX

Resolución administrativa

Ministerio del Interior. (2023). *Resolución denegatoria 001-074783. Solicitando información sobre la misión GAR-SI Sahel y el Proyecto Blue Sahel.* Ministerio del Interior y Guardia Civil. https://www.interior.gob.es/opencms/documentacion/Portal-de-Transparencia/ResolucionesDenegatorias_2023/001-074783.pdf

Sentencias judiciales

Audiencia Nacional, Sala de lo Penal, Sección 4ª. (2021, 12 de noviembre). Sentencia núm. 20/2021 (Recurso núm. 9/2021). ECLI:ES:AN:2021:4686. Consejo General del Poder Judicial (CGPJ).

Audiencia Nacional, Sala de lo Penal, Sección 2ª. (2023, 27 de septiembre). Sentencia núm. 20/2023 (Recurso núm. 8/2023). ECLI:ES:AN:2023:5129. Consejo General del Poder Judicial (CGPJ).

Tesis doctoral

Brandon Fernández, M. (2020). *Evolución de los movimientos migratorios desde África. Una comparativa entre Canarias, Ceuta y Melilla*. [Tesis Doctoral, Universidad de las Palmas de Gran Canaria]. Dialnet. https://dialnet.unirioja.es/servlet/tesis?codigo=294119

Recursos en línea

Artículos en línea

Altuna Galán, S. (2018, 16 de octubre). *La contribución española actual a la lucha contra el terrorismo en el Sahel*. Real Instituto Elcano. https://www.realinstitutoelcano.org/analisis/la-contribucion-espanola-actual-a-la-lucha-contra-el-terrorismo-en-el-sahel/

Altuna Galán, S. (2024). La reconfiguración de las estructuras de seguridad en el Sahel: fracaso del enfoque Occidental, cambio de socios y turbulencias en el horizonte. *Real Instituto Elcano*. https://www.realinstitutoelcano.org/analisis/la-reconfiguracion-de-las-estructuras-de-seguridad-en-el-sahel-fracaso-del-enfoque-occidental-cambio-de-socios-y-turbulencias-en-el-horizonte/

Avilés, J. (2008, 1 de diciembre). *El impacto de la inmigración sobre la seguridad ciudadana* [Análisis del Real Instituto Elcano - ARI]. Real Instituto Elcano. https://www.realinstitutoelcano.org/analisis/el-impacto-de-la-inmigracion-sobre-la-seguridad-ciudadana-ari/

Comisión Española de Ayuda al Refugiado, CEAR. (2025, 23 de abril). *10 medidas imprescindibles para que la nueva Ley de Asilo garantice derechos*. https://www.cear.es/noticias/medidas-nueva-ley-asilo/

González Enríquez, C. (2024, 10 de mayo). *El Pacto de Migración y Asilo de la Unión Europea: Contexto, desafíos y limitaciones*. Real Instituto Elcano. https://www.realinstitutoelcano.org/analisis/el-pacto-de-migracion-y-asilo-de-la-union-europea-contexto-desafios-y-limitaciones/

Reinares, F. (2015, 1 de julio). *Yihadismo global y amenaza terrorista: de al-Qaeda al Estado Islámico*. Real Instituto Elcano. https://www.realinstitutoelcano.org/analisis/yihadismo-global-y-amenaza-terrorista-de-al-qaeda-al-estado-islamico/

Base de datos

Banco Mundial. (2025). *Data Bank, World Development Indicators*. https://databank.worldbank.org/source/world-development-indicators#

CIA. (2024). *Total Fertility Rate* https://www.cia.gov/the-world-factbook/field/total-fertility-rate/

Fragile States Index. (2024). *Fragile States Index 2024* https://fragilestatesindex.org/global-data/

Frontex. (2025). *Migratory routes*. https://www.frontex.europa.eu/what-we-do/monitoring-and-risk-analysis/migratory-routes/migratory-routes/

Instituto Canario de Estadística (ISTAC). (2023). *Tasa de criminalidad por cada 1.000 habitantes. Canarias y provincias* [Conjunto de datos]. Gobierno de Canarias. https://www3.gobiernodecanarias.org/istac/statistical-visualizer/visualizer/data.html?resourceType=dataset&agencyId=ISTAC&resourceId=C00058A_000008&version=1.2#visualization/table

Ficha institucional

Parlamento Europeo. (2024). *La cooperación policial*. Fichas temáticas sobre la Unión Europea. https://www.europarl.europa.eu/factsheets/es/sheet/156/la-cooperacion-policial

Nota de prensa institucional

Comisión Europea. (2021, 14 de abril). *Lucha contra la trata de seres humanos: Una nueva estrategia*. [Nota de prensa]. https://ec.europa.eu/commission/presscorner/detail/es/ip_21_1663

Comisión Europea. (2023, 28 de noviembre). Nuevas formas de luchar contra el tráfico de migrantes. https://commission.europa.eu/news/new-ways-fight-migrant-smuggling-2023-11-28_es

Comisión Europea. (2024, 17 de septiembre). *El vicepresidente Schinas visita Canarias para expresar el apoyo de la UE a la gestión de la migración* [Comunicado de prensa]. https://spain.representation.ec.europa.eu/noticias-eventos/noticias-0/el-vicepresidente-schinas-visita-canarias-para-expresar-el-apoyo-de-la-ue-la-gestion-de-la-migracion-2024-09-17_es

Consejo de la Unión Europea. (2023, 10 de enero). *EUCAP Sahel Mali: prórroga del mandato hasta el 31 de enero de 2025* [Nota de prensa]. https://www.consilium.europa.eu/es/press/press-releases/2023/01/10/eucap-sahel-mali-mandate-extended-until-31-january-2025/#:~:text=El%20Consejo%20ha%20adoptado%20hoy,el%2031%20de%20enero%20de).https://www.eeas.europa.eu/eucap-sahel-mali/about-eucap-sahel-mali_en?s=331

Consejo de la Unión Europea. (2024, 13 de diciembre). *Tráfico ilícito de migrantes: los Estados miembros alcanzan un acuerdo sobre el Derecho penal*. https://www.consilium.europa.eu/es/press/press-releases/2024/12/13/migrant-smuggling-member-states-reach-agreement-on-criminal-law/

Consejo de la Unión Europea. (2024, 14 de mayo). *El Consejo adopta el Pacto de la UE sobre Migración y Asilo* [Comunicado de prensa]. https://www.consilium.europa.eu/es/press/press-releases/2024/05/14/the-council-adopts-the-eu-s-pact-on-migration-and-asylum/

Departamento de Seguridad Nacional. (2024, 21 de abril). *Canarias/MED5 – Reunión Ministerial*. https://www.dsn.gob.es/es/es/actualidad/seguridad-nacional-ultima-hora/canarias-med5-%E2%80%93-reuni%C3%B3n-ministerial

Fundación Internacional y para Iberoamérica de Administración y Políticas Públicas (FIIAPP). (2020, 3 de abril). *A-TIPSOM donates materials to strengthen support for victims of trafficking* .https://www.fiap.gob.es/en/noticias/a-tipsom-donates-materials-to-strengthen-support-for-victims-of-trafficking/

Fundación Internacional y para Iberoamérica de Administración y Políticas Públicas (FIIAPP). (2020, 17 de julio). *El proyecto europeo de cooperación ECI Níger se amplía tres años*. https://www.fiap.gob.es/noticias/proyecto-europeo-cooperacion-eci-niger-se-amplia-tres-anos/

Fundación Internacional y para Iberoamérica de Administración y Políticas Públicas (FIIAPP). (2023, 28 de junio). *Arranca la tercera fase del proyecto contra la trata y la migración irregular en Níger*. https://www.fiap.gob.es/noticias/arranca-tercera-fase-proyecto-contra-trata-migracion-irregular-niger/

Gobierno de Canarias. (2025, 7 de marzo). *Una delegación del Parlamento Europeo viajará a Canarias en mayo para elevar un informe sobre migración*. Portal de Noticias del Gobierno de Canarias. https://www3.gobiernodecanarias.org/noticias/una-delegacion-del-parlamento-europeo-viajara-a-canarias-en-mayo-para-elevar-un-informe-sobre-migracion/

Gobierno de Canarias. (2025, 8 de marzo). *Canarias implica a nuevas organizaciones europeas en la gestión del reto migratorio*. Portal de Noticias del Gobierno de Canarias. https://www3.gobiernodecanarias.org/noticias/canarias-implica-a-nuevas-organizaciones-europeas-en-la-gestion-del-reto-migratorio/

La Moncloa. (2025, 21 de marzo). *España y Senegal constatan en Madrid la "solidez" de su cooperación en materia migratoria*. https://www.lamoncloa.gob.es/serviciosdeprensa/notasprensa/interior/paginas/2025/210325-marlaska-senegal-cooperacion-migratoria.aspx

La Moncloa. (2024, 10 de octubre). *Grande-Marlaska advocates Frontex intervention in African waters "as an effective measure to save lives"*. Noticias de La Moncloa. https://www.lamoncloa.gob.es/lang/en/gobierno/news/paginas/2024/20241010-eu-home-affairs-council.aspx

Ministerio de Inclusión, Seguridad Social y Migraciones. (2024, 29 de agosto). *El Gobierno firma acuerdos con Mauritania, Gambia y Senegal para reforzar vías seguras y regulares de migración y proteger los derechos de los trabajadores*. https://www.inclusion.gob.es/w/el-gobierno-firma-acuerdos-con-mauritania-gambia-y-senegal-para-reforzar-vias-seguras-y-regulares-de-migracion-y-proteger-los-derechos-de-los-trabajadores

Ministerio de Política Territorial y Memoria Democrática. (2024, 25 de junio). *Acuerdo para la distribución de menores migrantes no acompañados entre CCAA*. Prensa del Ministerio de Política Territorial y Memoria Democrática. https://mpt.gob.es/prensa/agenda/eventos/2024/06/20240625.html

Ministerio del Interior. (2018, 7 de mayo). *La Policía detiene en Tenerife a tres personas por captar y favorecer el viaje a Siria de un yihadista para unirse al grupo terrorista Al Nusra*. Gobierno de España. https://www.interior.gob.es/opencms/es/detalle/articulo/La-Policia-detiene-en-Tenerife-a-tres-personas-por-captar-y-favorecer-el-viaje-a-Siria-de-un-yihadista-para-unirse-al-grupo-terrorista-Al-Nusra/

Ministerio del Interior. (2023, 13 de mayo). *Desarticulada una organización criminal que facilitaba la salida de Canarias a migrantes en situación irregular con documentación falsa*. Ministerio del Interior. https://www.interior.gob.es/opencms/en/detail-pages/article/Desarticulada-una-organizacion-criminal-que-facilitaba-la-salida-de-Canarias-a-migrantes-en-situacion-irregular-con-documentacion-falsa/

Ministerio del Interior. (2023, 16 de octubre). *Grande-Marlaska anuncia la incorporación inmediata de dos nuevos aviones de la Guardia Civil a la vigilancia de la ruta migratoria atlántica*. Prensa del Ministerio del Interior. https://www.interior.gob.es/opencms/es/detalle/articulo/Grande-Marlaska-anuncia-la-incorporacion-inmediata-de-dos-nuevos-aviones-de-la-Guardia-Civil-a-la-vigilancia-de-la-ruta-migratoria-atlantica/

Ministerio del Interior. (2023, 27 de septiembre). *Las administraciones con competencias en inmigración en Canarias se reunirán cada 15 días*. Prensa del Ministerio del Interior. https://www.interior.gob.es/opencms/eu/detalle/articulo/Las-administraciones-con-competencias-en-inmigracion-en-Canarias-se-reuniran-cada-15-dias/

Organización Internacional para las Migraciones (OIM). (2024, 2 de julio). *La OIM y la UNODC unen fuerzas para abordar la trata de personas y el tráfico de migrantes*. https://www.iom.int/news/iom-and-unodc-join-forces-tackle-human-trafficking-and-migrant-smuggling

Parlamento Europeo. (2022, 17 de enero). *Recommendation E-9-2022-000195 on security and migration control in the Canary Islands. Conexión entre los servicios de inteligencia españoles y Abdelbaki es Satty, líder de una célula terrorista*. Parlamento Europeo. https://www.europarl.europa.eu/doceo/document/E-9-2022-000195_ES.html

Policía Nacional. (2020, 16 de octubre). *La Policía Nacional neutraliza una célula yihadista que reclutaba mujeres para contribuir a "extender la verdadera religión"*. Ministerio del Interior. [Nota de prensa]. https://www.policia.es/_es/comunicacion_prensa_detalle.php?ID=8061

Servicio Europeo de Acción Exterior (SEAE). (2025, 24 de abril). *EU Special Representatives*. https://www.eeas.europa.eu/eeas/eu-special-representatives_en

Páginas oficiales

Consejo de la Unión Europea. (2025). *La respuesta de la UE al terrorismo*. https://www.consilium.europa.eu/es/policies/fight-against-terrorism/#priority

European Union Training Mission Somalia. (2017). *About Us*. https://www.eutmsomalia.eu/about-us/#:~:text=EUTM%20Somalia%20implements%20its%20mandate,the%20Somali%20National%20Armed%20Forces

Fundación Internacional y para Iberoamérica de Administración y Políticas Públicas (FIIAPP). (2025). *GAR-SI Sahel: Grupos de Acción Rápida de vigilancia e intervención en el Sahel*. https://www.fiap.gob.es/en/proyectos_fiiapp/gar-si-rapid-action-groups-intervention-in-sahel/

Fundación Internacional y para Iberoamérica de Administración y Políticas Públicas (FIIAPP). (2024, 10 de junio). *Arranca la tercera fase del proyecto europeo GARSI*. https://www.fiap.gob.es/noticias/arranca-la-tercera-fase-del-proyecto-europeo-garsi/

Oficina de las Naciones Unidas contra la Droga y el Delito (UNODC). (2025). *Programa Sahel*. https://www.unodc.org/westandcentralafrica/en/sahel-programme.html

Prensa digital

Aljazeera. (2023, 16 de septiembre). Mali, Niger and Burkina Faso establish Sahel security alliance. Aljazeera. [Nota de Prensa]. https://www.aljazeera.com/news/2023/9/16/mali-niger-and-burkina-faso-establish-sahel-security-alliance

BBC Mundo. (2015, 19 de noviembre). Abdelhamid Abaaoud, "cerebro" de los ataques de París, murió en el allanamiento de Saint Denis. BBC Mundo. https://www.bbc.com/mundo/noticias/2015/11/151119_ataques_paris_identificacion_cerebro_men

Caro, L. L. (2020, 17 de octubre). *El yihadista detenido en Canarias llegó en patera en 2018 y el otro renovaba en Melilla su residencia*. ABC. https://www.abc.es/espana/abci-yihadista-detenido-canarias-llego-patera-2018-y-otro-renovaba-melilla-residencia-202010170120_noticia.html

Chávarri, I. P., & Alarcón Bruselas, N. (2024, 5 de septiembre). *Sánchez rechaza pedir ayuda a Frontex para Canarias: 60 agentes solo para papeleo*. El Confidencial. https://www.elconfidencial.com/espana/islas-canarias/2024-09-05/sanchez-rechaza-pedir-ayuda-frontex-canarias-agentes-papeleo_3955547/

El País. (2019, 22 de noviembre). *Detenido un presunto yihadista de 26 años en Tenerife*. El País. https://elpais.com/politica/2019/11/22/actualidad/1574418695_933264.html

EP. (2019, 22 de noviembre). *Detenido en Tenerife un presunto yihadista «con perfil de lobo solitario» por compartir vídeos de Dáesh*. ABC. https://www.abc.es/espana/abci-detenido-tenerife-presunto-yihadista-perfil-lobo-solitario-compartir-videos-daesh-201911221604_noticia.html

Euronews. (2024, 28 de agosto). *España y Gambia firman un acuerdo de colaboración para el control de la migración*. https://es.euronews.com/my-europe/2024/08/28/espana-y-gambia-firman-un-acuerdo-de-colaboracion-para-el-control-de-la-migracion

Euronews. (2024, 18 de septiembre). *La UE dotará a Canarias con 14 millones de euros para aumentar su capacidad de acogida de migrantes*. Euronews. https://es.euronews.com/2024/09/18/la-ue-dotara-a-canarias-con-14-millones-de-euros-para-aumentar-su-capacidad-de-acogida-de-

Europa Press. (2023, 21 de mayo). *Los países del golfo de Guinea, nuevo foco de interés antiterrorista ante el avance del yihadismo desde el Sahel*. Europa Press. [Nota de Prensa]. https://www.europapress.es/nacional/noticia-paises-golfo-guinea-nuevo-foco-interes-antiterrorista-avance-yihadismo-sahel-20230521110053.html#google_vignette

Europa Press. (2024, 13 de junio). *La Audiencia Nacional envía a prisión a dos de los detenidos en la operación contra el yihadismo del martes*. Europa Press. https://www.europapress.es/nacional/noticia-audiencia-nacional-envia-prision-dos-detenidos-operacion-contra-yihadismo-martes-20240613173851.html

García, Y. (2024, enero 24). En 2023 llegaron a España 56.852 inmigrantes irregulares, un 82% más que en 2022. *Newtral*. https://www.newtral.es/inmigrantes-irregulares-2023/20240124/

Genovese, V., & Íñiguez de Onzoño, J. (2025, 16 de abril). *La UE publica un listado de terceros países para externalizar solicitudes de asilo de migrantes*. Euronews. https://es.euronews.com/my-europe/2025/04/16/la-ue-publica-un-listado-de-terceros-paises-para-externalizar-solicitudes-de-asilo-de-migr

Hernando, C. (2024, 4 de septiembre). *Las rutas migratorias desde África hacia España*. El Orden Mundial. https://elordenmundial.com/mapas-y-graficos/rutas-migratorias-espana/

Herraiz, P. (2018, 9 de junio). *Mohamed: de 'look surfero' en Canarias a yihadista amputado en Siria y buscado por Interpol*. El Mundo. https://www.elmundo.es/espana/2018/06/09/5b1974dfe2704e76068b456f.html

La Gaceta. (2024, 30 de septiembre). *Una experta en yihadismo del Ejército asegura que la ruta migratoria de Canarias está financiando el terrorismo internacional*. La Gaceta. https://gaceta.es/espana/una-experta-en-yihadismo-del-ejercito-asegura-que-la-ruta-migratoria-de-canarias-esta-financiando-el-terrorismo-internacional-20240930-1319/

Pulido, R. (2023, 27 de enero). *Al menos 16 yihadistas han entrado en España desde 2020 a través de las rutas migratorias*. La Gaceta. https://gaceta.es/espana/al-menos-16-yihadistas-han-entrado-en-espana-desde-2020-a-traves-de-las-rutas-migratorias-20230127-0755/

Pulido, R. (2024, 10 de octubre). Canarias, objetivo yihadista. *La Gaceta*. https://gaceta.es/opinion/canarias-objetivo-yihadista-20241010-0246/

Pulido, R. (2024, 15 de diciembre). FRONTEX advierte de la creciente actividad de mafias pakistaníes en la ruta de Canarias y el riesgo terrorista en el Sahel. *La Gaceta*. https://gaceta.es/espana/frontex-advierte-de-la-creciente-actividad-de-mafias-pakistanies-en-la-ruta-de-canarias-y-el-riesgo-terrorista-en-el-sahel-20241215-1236/

Pulido, R. (2025, 25 de enero). La Policía Nacional advierte del riesgo de infiltración de terroristas islamistas pakistaníes a través de Canarias. *La Gaceta*. https://gaceta.es/espana/la-policia-nacional-advierte-del-riesgo-de-infiltracion-de-terroristas-islamistas-pakistanies-a-traves-de-canarias-20250125-0230/

Puig, O. (2019). *Las llaves de Europa: El Sahel*. El Diario. https://especiales.eldiario.es/llaves-de-europa/sahel.html

R.L.P. (2018, 7 de mayo). *Actuaban como imanes pero trabajaban para Al Nusra en Canarias*. ABC. https://www.abc.es/espana/canarias/abci-actuaban-como-imanes-pero-trabajaban-para-nusra-canarias-201805071100_noticia.html

RTVE. (2024, 11 de junio). *Golpe de la Guardia Civil contra la radicalización islámica en Girona, Algeciras, Santa Cruz de Tenerife y Almería*. RTVE Noticias. https://www.rtve.es/noticias/20240611/golpe-contra-radicalizacion-islamica-campo-gibraltar/16142900.shtml

RTVE. (2020, 21 de abril). *Detenido en Almería uno de los yihadistas más buscados de Europa*. RTVE. https://www.rtve.es/noticias/20200421/detenido-almeria-uno-yihadistas-mas-buscados-europa/2012523.shtml

Redacción Informativos RTVC (2023, 15 de diciembre). *"Canarias no está sola" en esta crisis migratoria según la comisaria europea Ylva Johansson*. Radio Televisión Canaria. https://rtvc.es/una-comisaria-europea-y-tres-ministros-se-reunen-con-clavijo-para-abordar-la-crisis-migratoria/

Zuloaga, J. M. (2021, 13 de enero). *Investigan la entrada de más yihadistas a través de Canarias*. La Razón. https://www.larazon.es/espana/20210113/ezeqt7znl5esfk7rdwjox5e4e4.html

Números Publicados

Serie Unión Europea y Relaciones Internacionales

Serie Política de la Competencia y Regulación

Nº 18/2006 «Régimen sancionador y clemencia: comentarios al título quinto del anteproyecto
de la ley de defensa de la competencia»
Miguel Ángel Peña Castellot

Nº 19/2006 «Un nuevo marco institucional en la defensa de la competencia en España»
Carlos Padrós Reig

Nº 20/2006 «Las ayudas públicas y la actividad normativa de los poderes públicos en el anteproyecto de ley
de defensa de la competencia de 2006»
Juan Arpio Santacruz

Nº 21/2006 «La intervención del Gobierno en el control de concentraciones económicas»
Albert Sánchez Graells

Nº 22/2006 «La descentralización administrativa de la aplicación del Derecho de la competencia en España»
José Antonio Rodríguez Miguez

Nº 23/2007 «Aplicación por los jueces nacionales de la legislación en materia de competencia
en el Proyecto de Ley»
Juan Manuel Fernández López

Nº 24/2007 «El tratamiento de las restricciones públicas a la competencia»
Francisco Marcos Fernández

Nº 25/2008 «Merger Control in the Pharmaceutical Sector and the Innovation Market Assessment. European Analysis in Practice and
differences with the American Approach»
Teresa Lorca Morales

Nº 26/2008 «Separación de actividades en el sector eléctrico»
Joaquín Mª Nebreda Pérez

Nº 27/2008 «Arbitraje y defensa de la competencia»
Antonio Creus Carreras y Josep Maria Juliá Insenser

Nº 28/2008 «El procedimiento de control de concentraciones y la supervisión por organismos reguladores
de las Ofertas Públicas de Adquisición»
Francisco Marcos Fernández

Nº 29/2009 «Intervención pública en momentos de crisis: el derecho de ayudas de Estado aplicado
a la intervención pública directa en las empresas»
Pedro Callol y Jorge Manzarbeitia

Nº 30/2010 «Understanding China's Competition Law & Policy: Merger Control as a Case Study»
Jeronimo Maillo

Nº 31/2012 «Autoridades autonómicas de defensa de la competencia en vías de extinción»
Francisco Marcos

Nº 32/2013 «¿Qué es un cártel para la CNC?»
Alfonso Rincón García-Loygorri

Nº 33/2013 «Tipología de cárteles duros. Un estudio de los casos resueltos por la CNC»
Justo Corti Varela

Nº 34/2013 «Autoridades responsables de la lucha contra los cárteles en España y la Unión Europea»
José Antonio Rodríguez Miguez

Nº 35/2013 «Una revisión de la literatura económica sobre el funcionamiento interno de los cárteles
y sus efectos económicos»
María Jesús Arroyo Fernández y Begoña Blasco Torrejón

Serie Arbitraje Internacional y Resolución Alternativa de Controversias